高职高专旅游管理专业“十三五”规划教材
旅游管理专业校企合作开发系列教材

广安旅游资源信息采录

主　　编　罗云华
副 主 编　彭彤彦
主　　审　李义林
参编人员　郭智伟　姚懿菲　陈彦吉　高旗红
　　　　　牟小林　邓小辉　梅　超　彭兴建
　　　　　杜修莲　庞佑翠　韦曦曦

西南交通大学出版社
·成　都·

图书在版编目（CIP）数据

广安旅游资源信息采录/罗云华主编. —成都：西南交通大学出版社，2015.12

高职高专旅游管理专业“十三五”规划教材 旅游管理专业校企合作开发系列教材

ISBN 978-7-5643-4477-1

Ⅰ. ①广… Ⅱ. ①罗… Ⅲ. ①旅游资源－管理信息系统－广安市－高等职业教育－教材 Ⅳ. ①F592.771.3

中国版本图书馆 CIP 数据核字（2015）第 319480 号

高职高专旅游管理专业“十三五”规划教材
旅游管理专业校企合作开发系列教材

广安旅游资源信息采录

主编 罗云华

责任编辑 罗爱林
特邀编辑 罗 旋
封面设计 墨创文化

出版发行 西南交通大学出版社（四川省成都市二环路北一段 111 号 西南交通大学创新大厦 21 楼）
发行部电话 028-87600564 028-87600533
邮政编码 610031
网址 http://www.xnjdcbs.com

印刷 四川煤田地质制图印刷厂
成品尺寸 170 mm × 230 mm
印张 13.75
字数 246 千
版次 2015 年 12 月第 1 版
印次 2015 年 12 月第 1 次
书号 ISBN 978-7-5643-4477-1
定价 39.00 元

课件咨询电话：028-87600533

前 言

本教材是广安职业技术学院立项教材，由七个项目共十九个任务组成。

编者在长期的教学实践中感到，传统的旅游专业认知课程“旅游学概论”虽然理论知识系统性强，但实践性差，难以调动学生的学习积极性，难以真正让学生初步认知旅游行业和旅游专业，更难通过该门课程综合培养学生的专业能力和专业素质。因此，迫切需要一门能解决上述问题的课程，于是广安旅游资源信息采录课程应运而生。为配合该课程，我们组织校内教师、企业人员编写了本教材。教材注重引导学生实践，指导学生通过任务分配、资源调查、资料整理、讲解稿撰写、资源介绍或景区景点讲解、互评提高等环节认知旅游专业和行业，从多方面培养学生的专业能力和专业素养。分组采录信息可以培养学生的组织、沟通、协调和信息采集能力，资料整理可以培养学生的组织、分析、判断能力，讲解词撰写可以培养学生的写作能力，资源介绍或讲解可以培养学生的表达能力。教材涉及的旅游资源包括校园旅游资源、景观旅游资源、服务旅游资源三类。对行业的介绍包括景区、旅行社、饭店等，对专业的介绍包括专业主要就业岗位、主要专业能力要求和主要知识领域等。项目七“广安旅游线路设计”是前面六个项目所学内容的运用和升华。

本教材通过校企合作，由校内教师与企业人员结对组成编写项目组共同完成一个项目的方式编写。除了本校教师外，参与本书编写的人员还有广安旅游培训中心主任梅超、邓小平故里管理局工会主席彭兴建、华蓥山旅游区导游部部长韦曦曦、广安思源酒店总经理杜修莲、四川金鼎国际旅行社总经理庞佑翠。

项目一、项目三由罗云华编写，项目二由郭智伟、庞佑翠编写，项目四由姚懿菲、邓小辉、韦曦曦编写，项目五由牟小林、陈彦吉、彭兴建编写，项目六由高旗红、杜修莲编写，项目七由罗云华、梅超编写。全书由罗云华统稿，彭彤彦参与审稿工作。限于编者水平，加之时间仓促，书中难免存在错误之处，敬请读者批评指正。

编 者

2015年6月

目　　录

项目一　校园信息采录与讲解

任务一　学院发展历史信息采录

一、任务准备

（一）任务目标

（1）了解学院的发展历史，掌握学院发展历史的介绍方法，理解艰苦奋斗、开拓创新精神在学院发展中的作用。

（2）培养采集学院历史信息的能力。

（3）培养信息整理的能力。

（4）初步介绍学院的发展历史。

（二）任务场景

安辑（化名，下同）是广安职业技术学院一名大三学生，接到老师指派的任务，带大一新生参观校园并做现场介绍。校园有历史，有文化，有硬件设施设备，有师资情况，有学生情况，有校园环境及周边环境，有学生学习生活情况，每一方面都可以介绍许多内容，但老师只给了他 45 分钟，他该怎样准备并进行介绍呢？如果学院指定他带领四川某职业技术学院考察团或广安实验学校的小学生参观校园并做现场介绍，又该怎样做呢？他首先想从学院发展历史信息着手，了解学院的发展历程。

二、任务分析

要介绍学院的发展历史，除具备的基本讲解素质外，还得有一篇好的介绍词。写好介绍词的前提是采录学院发展历史的信息，并在此基础上进行整理分析。采录方式有现场察看，现场采访（采访老师、学生、社会人员），问卷，查阅图书、网络资料。现场采录时可以记录、拍照、录音、画简笔画等。学院的发展历史又包括从学院发展目标、专业、师生人数、办学理念和教学理念、学院占地规模、学院建筑设施、师生生活环境、校园周边环境等方面，可以分工进行采录。

三、任务分派

将全班分组，每组5～8人（建议尽可能地以寝室为单位分组）。一般情况下，寝室室长即为该组组长，负责任务分派，检查任务完成情况。组长负责组织小组讨论与讲解词修改；组织小组试讲；记录小组成员及小组任务完成时间和完成情况；负责收集在完成任务过程中遇到的困难与问题并及时解决或与老师沟通。

任务分配表见表1.1。

表1.1　任务分配表

第　小组　　　　　　　　　　　　　　　　小组负责人：

<table>
<tr><th colspan="2">姓　名</th><th>任务内容</th><th>完成时间</th><th>完成情况</th></tr>
<tr><td rowspan="4">个人信息采录</td><td></td><td></td><td></td><td></td></tr>
<tr><td></td><td></td><td></td><td></td></tr>
<tr><td></td><td></td><td></td><td></td></tr>
<tr><td></td><td></td><td></td><td></td></tr>
<tr><td>小组整理</td><td></td><td></td><td></td><td></td></tr>
<tr><td>推荐讲解</td><td></td><td></td><td></td><td></td></tr>
</table>

（一）个人任务

按分派的采集任务采集学院发展的历史信息，并进行初步整理，写出所分派部分的介绍词。上传采集的原始资料与介绍词到教师指定网站。

（二）小组任务

（1）全组信息初步整理，并撰写介绍词。

（2）全组成员讨论修改整理后的介绍词。

（3）进行小组内试讲并记下每个人的情况。

（4）上传任务分配表、讨论和介绍场景照片、小组介绍词和讲解用ppt等材料。

四、任务实施

（一）信息采集（见表1.2）

现场采集信息：

（1）准备笔、记录本、相机等。

（2）拟定采集方案：采集信息内容提纲、采集时间、采集场所、采集线路、采集方式、采集对象等。

（3）按一定的顺序（如线路、内容）进行现场采集。

表 1.2

姓　名	采集任务	采集时间和地点	采集方式和用具	采集到的原始资料信息

（二）信息整理（见表 1.3）

小组集体讨论所采集的信息，并指定一人整理，形成学院发展历史的介绍材料。

表 1.3

<table>
<tr><th>项　目</th><th>姓　名</th><th>时间、地点</th><th>内容或情况记录</th></tr>
<tr><td>信息初步整理</td><td></td><td></td><td></td></tr>
<tr><td>讲解词修改</td><td></td><td></td><td></td></tr>
<tr><td rowspan="8">小组内试讲</td><td></td><td></td><td></td></tr>
<tr><td></td><td></td><td></td></tr>
<tr><td></td><td></td><td></td></tr>
<tr><td></td><td></td><td></td></tr>
<tr><td></td><td></td><td></td></tr>
<tr><td></td><td></td><td></td></tr>
<tr><td></td><td></td><td></td></tr>
<tr><td></td><td></td><td></td></tr>
</table>

（三）讲　解

在小组内部口头介绍比赛，每小组推选 1 名学生代表本组参加全班介绍学院发展历史的比赛。

五、任务总结

（1）采集学院发展历史的信息，可以先查阅相关资料并做好记录。

（2）现场采录可以通过参观考察、询问等方式，可以询问老师，也可以采访高年级学生，可以采访校园周边的商人，可以参观校史陈列室等。

（3）一般说来，讲历史要分成几个阶段，阶段的分界点是重大事件发生时点。

（4）介绍历史应有一条主线，如艰苦奋斗、开拓精神。

六、知识总结

广安职业技术学院发展历史:广安职业技术学院前身为1906年创建的四川省岳池师范学校，有着百余年的办学历史。著名革命英雄传奇小说《红岩》中“双枪老太婆”的原型人物陈联诗、邓惠中均毕业于此。2004年，经四川省人民政府批准独立升格为广安职业技术学院。2009年，学院顺利通过了教育部人才培养工作水平评估；2011年，四川省教育厅、广安市人民政府签订协议共建学院；同年，教育部、四川省人民政府签订协议共建“广安市教育改革发展试验区”，支持学院发展是重要内容；2013年，学院成功进入四川省省级示范高职院校建设单位序列；2014年，以学院为基础创建的广安技师学院获批挂牌。

（一）悠久师范奠基础

岳池师范学校，始于民国2年（1913年）岳秀女子高等小学附设的女子师范科，校址在旧学署（今岳池城关初中内）。民国4年（1915年）10月，学校更名为“岳池县立女子师范学校”（简称“女师”）。校址在岳池文庙附近的原县招待所。1949年，更名为“岳池县立师范学校”。新中国成立后，岳师曾并入岳中，构成岳池中学师范部。1951年3月，武胜中学师范部划入岳池，岳池遂将岳中师范部与之合并成立岳池师范学校。1952年岳师由地区办转为省办，并新定校名为“四川省岳池师范学校”。同年秋，择定县城东门外冯家公园为岳师新校址。1954年春学校迁入冯家公园至今。新中国成立后至2002年春，学校为国家培育了中师、简师、专科班和小学公办、民办教师短训班学生定向生、五年制教育、幼儿教育计算机教育等专业学生计共18 000余人。2002年9月，四川省岳池师范校升格为高职专科学校，更名为“四川省师范学院广安初等教育学院”。同年12月更名为“广安职业技术学院”，直属广安市教育局管辖，校本部迁往广安市区。老校区挂牌为“广安市政府职业教育中心”“四川省广安市中等职业技术学校”。

学校整体搬迁前的老校区占地 200 亩（1 亩=666.67 平方米），建筑面积近 6 万平方米，藏书 12 万册，固定资产 9 000 万元、教学设施价值 700 万元，有规范的教学楼、多功能的综合楼、典雅的艺术楼、设备一流的礼堂、高规格的微机教学系统、功能齐全的双向闭路控制教学系统、现代印刷系统和摄影系统、标准的语音室和多媒体微机网络电教室、理化生实验室、自然实验室、阅览室、图书馆和广安市唯一的心理实验室。学校有 29 个教学班，在校生 1 400 余人，其中五年制大专生 1 100 余人，有教职工 140 人。学校曾先后开办过五年制小教大专、学前大专、普师、幼师、文秘、计算机、电大、成教及各类师资培训班。

（二）转型升级办高校

2002 年 9 月，中共广安市委、市政府决定以岳池师范为基础，筹建高等院校。国务院副总理李岚清来广安视察时曾提出“广安可以创办一所职业技术学院”，加上国家连续出台的职业教育鼓励和扶持政策，这些都为学校的转型提供了有力保障。2004 年 4 月，经专家组评议，省人民政府批准，同意建立广安职业技术学院，至此填补了广安市无普通高校的空白。

（三）艰苦奋斗迎评估

由原四川省岳池师范学校升格建院之初，学院几乎不具备除教育、艺术类专业之外的其他实验实训能力，与职业教育发展要求有较大的差距。在软件上，虽然原学校办学历史悠久，有较为丰富的办学资源和办学积淀，但随着办学性质发生变化，这些“历史遗产”必须经过“蜕变的阵痛”才能适应。建院之初，全院 200 余名教职工中具有高级职称的仅 18 人，研究生学历的仅 1 人，且全为师范类师资，学历、职称等达不到教育部对于高职院校教师素质的要求。教学模式、教学手段还留有中职教育的烙印。随着招生规模的扩大，新专业的开设、教师数量和质量已跟不上发展的需要。

学院借鉴其他高职院校先进办学经验，实现了从中师教育向高职教育的顺利转型，逐步形成了自身的办学思路。即：以服务为宗旨，以就业为导向，以高职教育为主体，以职业技能培训鉴定及继续教育为两翼，巩固传统优势专业，发展应用技术类专业，培养适应市场需求的高素质技能型专门人才，努力创建特色鲜明的高职院校。

学院占地面积从 2006 年的 367.8 亩增至 573.7 亩，新建了第二教学楼、行政办公楼、学生公寓、学生食堂等，建筑面积从9万平方米增至16万平方米，比2005年年底增加了78%；新增教学用计算机300台（套），多媒体教室38间，比2005年年底分别增加了105%和306%；新增教学、科研仪器设备700万元，比2005年年底增加了120%。

学院通过开展工学结合教学改革，初步构建了有自身特色的工学结合人才培养模式。推行学分制教学管理改革试点工作，开设高职教育专业27个（较2005年净增22个，其中有院级特色专业4个），建成校内实验实训基地8个。通过开展基于工作过程系统化理念的课程改革，建成省级精品课程1门和院级精品课程6门。学院获得广安市政府教学成果二等奖1项，教师荣获广安市政府教学成果二等奖5人次。通过开展大学生素质拓展计划、青年志愿者行动、民族学生管理、心理健康教育等活动，学生综合素质全面提升，学院先后荣获“四川省高校思想政治工作先进集体”“四川省高校校园文化建设优秀成果奖”等殊荣，学生社团“园丁文学社”获第三届四川省大学生优秀社团，“重建家园、从心开始”服务队荣获四川省抗震救灾大学生志愿者服务优秀团队奖。

2006年以来，学院共承担省部级科研项目5项，省级教育教学改革项目2项，市级社会科学研究项目14项；教师公开发表论文360余篇，其中在全国中文核心期刊发表论文19篇；教师担任副主编以上出版的教材、著作17部。学院教师荣获广安市政府社会科学优秀成果二等奖2项、三等奖3项、优秀奖1项，荣获广安市政府科技进步三等奖1项。

学院建立了一支能基本满足教学需要的专职教师队伍。截至2010年年底，有在职教职工365名，专任教师269名，副高以上职称教师61名，比2005年底分别增长了38.8%、49.4%、205%。通过从企业及相关科研院所聘请等方式，建立了一支数量相对稳定、具有“双师素质”的兼职教师队伍，为学院的人才培养发挥了重要作用。创新辅导员管理模式，建立了一支能基本满足学生管理工作需要的专兼结合的辅导员队伍，在学生思想政治工作和第二课堂活动中发挥了积极作用。

“十一五”期间，学院共培养高职毕业生7 029名，非全日制学历教育毕业生2 290名，为国家经济建设和社会发展做出了积极贡献。2010年年底，全日制高职在校生5 619人（较2005年净增4 899人），开设专业推行了“双证书”（毕业证、职业资格证）制，“双证书”平均获取率达80%。2006至2010年，学院毕业生首次就业率超过80%。

学院根据广安经济社会发展实际，积极承担多种类非学历的短期社会服务培训工作，主要包括社会成人普通话培训、市级中小学骨干教师培训、高中教师新课改培训、公务员岗前培训、市级机关事业单位技师培训、农民工电脑技术培训、乡镇干部培训等。“十一五”期间，累计培训各类社会人员23 700人次，其中2010年培训人数突破6 000名。

“十一五”期间，学院克服底子较差、基建任务繁重、资金短缺等实际困难，办学实现长足发展，成绩来之不易，发展形势喜人。但对照中央、省的要求，联系学院发展实际，还存在实习实训条件滞后、师资结构不合理、生均占地面积不足、办学经费短缺以及缺乏领军人物等瓶颈问题。未来五年，必须切实加强学院内涵建设和政策支持力度，努力推动学院全面可持续协调发展。

从2004年到2009年，通过全院师生的艰苦奋斗，学院整体办学条件与办学水平有了质的变化。2009年11月，学院成功通过了教育厅组织的人才培养工作评估。

（四）开拓进取创示范

从2009年开始，学院奋起第三次创业。一是努力争取良好的创业外部环境，2011年4月省教育厅与广安市政府签订了共同建设广安职业技术学院协议。2013年学院的建设与发展得到了各级各方的大力支持，被列为教育部和省政府共建广安市教育改革发展试验区重点支持项目。二是开拓创新，积极创建。通过“四川省示范性高职院校”建设、广安技师学院建设、国家级高技能人才培养基地建设狠抓学院内部建设，大幅度提升育人质量，让学院的发展进入新的起点。

任务二　校园信息采录

一、任务准备

（一）任务目标

（1）了解学院的概况，掌握校园主要景点的相关知识，理解校园文化（红色文化和职教文化）。

（2）培养学生采集校园信息的能力。

（3）培养讲解词的撰写能力（知道从表象感知、知识认知、理念感悟等方面着手）。

（4）初步培养学生的讲解能力（从仪表、沟通、知识技能着手）。

（二）任务场景

安辑已经了解了学院的发展历史，但他还要选择一条线路进行现场讲解，怎样选择线路呢？他觉得首先必须找出有价值的景点，然后连成一条参观线路。这条线路要尽可能地将所有有价值的点连接起来，且不走重复路线，并且线路要尽可能的短。这条线路要体现一定的主题或核心思想。校园有硬件设施设备，有师资情况，有学生情况，有校园环境。硬件设施又有学习设施、休息生活设施、活动娱乐设施等。每一方面都可以介绍许多内容，但老师只给了他 45 分钟，他该怎样准备并进行介绍呢？

二、任务分析

要介绍校园，首先对校园要有充分的了解，分组分任务进行采录是对校园深刻认识的前提。采录前可以按内容分配任务，采录到的信息有真有假，采录后要进行分析查证。采录的信息零散，必须进行整理才能形成对某个方面的整体认识，才能写出这部分的讲解词。个人讲解词上交小组以后，小组长指派一人将整个校园信息进行整理，并串联起来，写出校园讲解词。最后还需要全组讨论修改，集全组智慧完成讲解词撰写并进行小组试讲。

三、任务分派

（一）个人任务

按分派的任务采集校园信息，并进行初步整理，写出该部分的讲解词。

（二）小组任务

整理全组所采集的信息，整合全组每个人的讲解词，写出校园讲解词并修改，进行小组试讲比赛，推选人员进行现场讲解。

四、任务实施

（一）信息采集

现场采集信息：

（1）准备笔、记录本、相机等。

（2）拟定采集方案：采集信息内容提纲、采集时间、采集场所、采集方式、采集的对象。

（3）按一定的顺序（如线路、内容）进行现场采集。

从纸质或电子资料上搜集信息：要求学生从网上或者资料上搜集信息，对学院有一定了解。

（二）信息整理

个人将采集的信息整理成讲解材料，小组推选 1 人作为代表在整理出的部分讲解材料的基础上整理出完整的校园讲解词。

（三）现场讲解

每小组推选 1 名代表按线路进行现场校园讲解比赛。

五、任务总结

（1）采集信息要围绕一定的中心或主题展开（如校园的红色文化、职业文化特点）。

（2）采集方式可以是参观考察、采访询问、查找资料、问卷调查等。

六、知识总结

（一）广安职业技术学院概况

广安职业技术学院是2004年4月经省人民政府批准、由市人民政府主办的全日制普通高校，位于广安市城南经济技术开发区。学院依山傍水而建，前临渠江、背靠神龙山，大门前是市政府为提高居民生活质量和改善校园周边环境而建的滨江公园。2013年3月，市委、市政府为做强广安高等教育，决定将学院与广安广播电视大学整体联合，实行“两块牌子、一套人马、一个财政体制”的管理模式，学校的校名“广安职业技术学院”“广安广播电视大学”“广安技师学院”，是邓小平胞弟——邓垦老先生情牵家乡、心系教育，在100多岁高龄时亲笔题写。

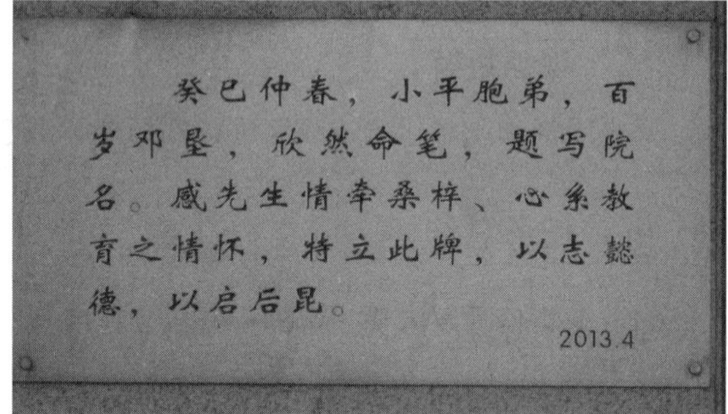

【小知识】

邓垦，原名邓先修，1911年生于四川省广安县，祖籍湖北麻城，是邓小平的同胞弟弟。1931年就读于暨南大学历史社会学系，后肄业于上海暨南大学、上海政法大学。曾在广安女子中学教书，后任《民报》记者、编辑。1939年进入延安抗大学习，次年加入中国共产党，曾任延安《解放日报》编辑、中共吉北地委宣传部部长、佳木斯市市委书记、佳木斯市市长。

新中国成立后，历任泸州专署专员，重庆市文教局副局长，重庆市经委主任、重庆市副市长、武汉市副市长，中共武汉市市委书记，湖北省副省长，1984年退休。

学院校区的规控土地726亩。目前，学院占地面积40.5万平方米，总建筑面积20余万平方米。学院的整体布局主要体现在“一体两翼”，“一体”即以高12层的图书信息大楼主体，以小平广场的群体雕塑为中心，“两翼”即明德楼和致用楼两幢姊妹楼。目前，明德楼、致用楼、办公楼、小平广场、膳食中心、图书信息大楼、八栋学生公寓等已经修建完成并投入使用。同时，市政府还把广安市体育中心规划建在学院内，建成后由学院管理和使用。另外，学生活动中心和学术交流中心等配套设施也将在“十二五”期间建成。

1. 雄厚的师资力量

现有专兼职教师 500 余人，其中副高级以上职称的 82 人，中级职称 136 人，博士、硕士研究生 54 人。全国教育系统劳动模范 1 人、省级劳动模范 1 人、国家级优秀教师 2 人、省级优秀教师 5 人，市级教学名师 8 人，各种技能鉴定考评员 80 人。建院以来，学院教师出版学术专著、编写教材 62 本，发表学术论文 1 724 篇，共承担国家级科研项目 3 项，省级科研项目 20 项，省级教育教学改革项目 2 项，市级社会科学研究项目 64 项，获得国家实用新型专利 2 项，教育教学成绩显著，教研教改成果丰硕。

2. 完善的办学设施

学院拥有完善的教学设施和生活服务保障体系，有规范的教学楼、多功能的综合楼、典雅的艺术楼、设备一流的礼堂、设施齐备的学生公寓、高规格的微格教学系统和各种教学所需的实验实训室、语音室、多媒体教室，现已建成开通校内无线接收系统、高速校园网络，图书馆建筑面积 22 000 平方米、纸质图书 36.3 万册、报刊 1 000 余种，电子图书总字节数达 7 022 GB。

3. 良好的升学机会

学院面向全国招生，设教育一系、教育二系、建筑与城市规划系、经济管理系、工程与信息技术系、艺术设计系、石油工程系和医药卫生系等 8 个教学系，开设有 30 多个专业。学院与俄罗斯贝加尔国立经济法律大学、俄罗斯南乌拉尔国立大学、瑞典耶夫勒大学、韩国东国大学、中国人民解放军后勤工程学院、湖南科技大学、西南科技大学、四川师范大学、西华师范大学等国内外大学建立了合作关系，在校学生可套读其相关本科专业，符合条件的可直接专升本。

4. 畅通的就业渠道

学院是广安市唯一的普通高等学校，承担着为地方培养各类应用型、技能型人才的任务。学院已与全国400余家优秀企业建立了长期、稳定、良好的合作关系，如北京迪信通商贸有限公司、浙江温岭职教集团、中国协亨集团、长虹集团、东莞上炜电子厂等，其中包括名列世界500强的著名跨国企业。毕业生就业质量高，发展前景好，就业有保障。近三年，毕业生双证获取率达95%以上，就业率达92%以上，社会满意度达96%以上。

5. 良好的社会声誉

学院现定点为职业技能鉴定站、全国计算机等级考试考点、全国英语等级考试考点、四川省省级高技能人才培训基地、广安市旅游人才培训基地、广安市普通话培训中心、广安市幼儿师资培训中心；学院先后荣获全国高职院校首届“鲁班杯”建筑工程识图技能大赛团体二等奖、四川省高校就业工作先进单位、四川省安全保卫工作先进集体、四川省高校园林绿化工作先进集体、四川省大学生思想政治教育先进集体、全省争先创优活动先进集体、四川省高校校园文化建设优秀成果二等奖、省民族团结进步创建活动示范院校等殊荣。

（二）建筑设施

明德楼，建筑面积为 24 000 平方米，主要承担理论课的教学任务，一共有 108 间教室，可以同时满足 6 000 人的上课需求。明德楼后方是学生的生活区，目前包括膳食中心和 9 栋学生公寓。

小平广场，由明德楼和致用楼半围合而成，是一个半圆形的开放式空间，主要由 1 座标志雕塑、8 座中外科技名人群雕和 8 座中外科技史歌浮墙构成。

中国能工巧匠雕塑群，包括何鲁、黄道婆、毕昇、鲁班的雕像，其中何鲁是广安人。雕塑旁边是与他们相关的科学生产活动的浮雕。

【学法指导】

最好能深入介绍我国历史上的能工巧匠，以体现学院的职业文化氛围，介绍内容可以是选择雕塑这几个人的原因、四位历史人物简介、重要贡献、职业事迹等。重点要说明每个人的职业追求、职业精神、职业贡献。

小平塑像是整个广场的标志雕塑，它由顶端的铜像、丰碑和下面的基座三部分组成。矗立于丰碑之上的小平铜像是以小平同志16岁时站在渠江码头，赴法留学的场景为原型雕刻而成。小平同志的眼神望着远方，仿佛思考着中国的未来，中间的丰碑寓意着小平同志在中国历史上乃至世界历史上树立起一座伟大的丰碑，丰碑上镌刻着小平同志提出的“教育要面向现代化、面向世界、面向未来”的至理名言，体现了小平同志心系教育的情结。邓小平同志为中国的教育事业倾注了很多心血，1977年10月，决定“恢复高考”，使很多知识分子从“文化大革命”的阴影中走了出来。1980年，强调中等教育结构改革，发展“职业教育”。1983年9月，邓小平同志为北京景山学校题词“三个面向”。

【学法指导】

介绍小平铜像时，不仅要从表象感知丰碑上镌刻着小平同志提出的“教育要面向现代化、面向世界、面向未来”的至理名言，还要联系碑上的“恢复高考”“发展职业教育”等相关知识，最后还有对使命感和责任感的理念感悟。

丰碑的基座由三级台阶所组成，蕴含小平同志“三落三起”的传奇人生。

塑小平铜像一是可以增强全体师生员工的使命感和责任感，建设好伟人故里的唯一高校；二是可以激励年轻学子以伟人为榜样，学好知识，练就技能，为祖国建设贡献力量。

外国能工巧匠雕塑群，包括瓦特、贝尔、爱迪生，还有世界上第一台电子计算机的研制者莫克莱的雕像。

整个广场以中外科技名人群雕和科技史浮墙为主题，旨在打造校园的“匠人文化”。因为学院是职业技术学院，重在培养学生的实践操作能力，群雕和浮墙都取材于中外的能工巧匠，目的是营造一种学技术、爱技术、用技术的文化氛围，激励学生以这些各自领域的专才为奋斗目标，不断提高自身的综合素质。

图书信息大楼的总建筑面积 1.66 万平方米，高 12 层，于 2014 年投入使用，其整体规划分为四个功能区：图书中心、现代教育信息中心、学术报告厅及其附属用房。

【学法指导】

在进行实景导游讲解的时候，必须注意突出重点，比如学院的重点示范建设专业的实训室必须要作为重点讲解，在讲解的过程中，尽量做到“手到眼到，眼到讲解到”的要求，也就是当导游的手势到的时候，你的讲解能把游客的眼光也聚拢到手所指的地方，并要做到讲解词立刻脱口而出。

目前，学院正在建设建筑工程技术、旅游管理、学前教育三个省级示范专业和会计电算化、语文教育两个省级重点建设专业。矿山机电、汽车运用技术为“中央财政支持高等职业学校提升专业服务能力项目”建设专业，学院建有校内实训基地（室）45 个，其中建筑工程技术、应用化工技术与汽车运用技术专业实训基地为中央财政支持实训基地；建有校外实习实训基地 100 多个。

图书馆现有馆舍面积 4 000 平方米，藏图书 36.3 万多册，过刊合订本 24 156 多册；声像资料 5 200 多种；中文现刊 576 多种；报纸 60 多种。

学院的电子阅览室，目前已开通了万方、维普、超星等电子资源，可供师生检索各种数字文献信息。学院的阅览室有中文期刊 570 多种，报纸 60 多种，有 400 多个座位，每周的开放时间超过 80 个小时。另外，学院的综合书库设在一楼，集“藏、借、阅、咨”于一体，目前已形成由建筑、旅游、工程技术、师范、管理等专业书籍构成的多学科的藏书体系。

校史陈列室中，我们可以更清晰地了解学院的建设和发展情况。这里主要介绍学院的概况、办学历史、发展情况和未来规划。

雨润苑是学院的教职工宿舍。“雨润”一词源于杜甫的《春夜喜雨》这首诗，旨在用春雨的润物细无声来寓意教师们的辛勤劳动和无私奉献。

学院的办公楼，又叫春晖楼。“春晖”一词出自孟郊的《游子吟》这首诗：“谁言寸草心，报得三春晖。”用“春晖”命名，旨在鼓励教职员工感恩祖国，回报社会。

【学法指导】

通过实训室介绍了几个主要的系，下面再对学院几个系做一个介绍。讲解员在介绍的过程中必须做到姿态正确。因为在介绍系时，游客可能还没有走进明德楼，这个时候必须注意讲解语速。

七、课后作业

评价：问卷主要是针对学生进行讲解，由老师和现场听讲解的学生进行评价。我们在讲解一个景点的时候（如小平广场），可以邀请广场上的其他班、其他专业的学生参与到团队当中充当游客，对学生的讲解进行打分，并提出意见，所有学生的打分和老师的打分都计入学期成绩。

【附件】

校园讲解评分表

一、校园讲解

时间 5 分钟（3 分半～5 分），不足 3 分半和超过 5 分的扣分，每 10 秒扣 10%。

（1）气质形象：10 分。

穿着打扮得体、整洁；言行举止大方，符合导游员礼仪规范。

好的 8～10 分；一般的 4～7 分；差的 0～4 分。

（2）讲解内容：40 分。

讲解内容全面、正确、条例清晰、详略得当、重点突出；讲解方法运用得当；讲解生动、有感染力。

好的 30～40 分；一般的 15～30 分；差的 0～15 分。

（3）语言表达：20 分。

普通话标准；语速适中；用词准确、恰当、有分寸；内容有条理，富逻辑性；表情及其他身体语言运用得当。

好的 15～20 分；一般的 7～15 分；差的 0～7 分。

二、游客个人意见

项目二　广安旅行社信息采录

任务一　了解广安旅行社概况

一、任务准备

（一）任务目标

了解广安旅行社的分布情况；了解旅行社一般部门的设置及各部门的职责。

（二）任务场景

安辑通过努力在大二时就拿到了导游证，他准备到旅行社实习。四川广土旅行社来学院做了招聘宣传，他准备考察一下广安旅行社的基本情况。另外，本系的另一名学会计的老乡和一名学中文的老乡托他在考察期间咨询一下，是否也可以在这家旅行社实训。如果你是安辑，该如何考察？选什么岗位才合适？并了解旅行社的产品有哪些？

二、任务分析

调研本地旅行社的设立情况，因为安辑对旅行社一无所知，为了了解旅行社的情况，安辑可以在对旅行社宏观情况进行调查的基础上，深入几家当地旅行社进行详细调研，了解旅行社的部门设置、人员结构、岗位所需能力、工资状况等基本情况，为日后从事旅游行业奠定基础。

三、任务分派

学生每五人成立一个小组（可根据班级情况进行调整，一般小组人数不宜过多），选取一名成员作为小组组长（可自荐或由小组成员推荐），各小组成员各自接受任务并开展调研。

（一）个人任务

个人任务在课下完成。

（1）小组成员每人考察广安市内一家旅行社，详细记录以下信息：旅行社名称、所在位置、旅行社注册资金、重点业务区域、旅行社部门设置、岗位设置、员工数量、工资、企业宣传方式（报纸、网络、宣传单、电话等）、企业标识等。

（2）撰写调查报告（手写或打印）。

学生个人任务成果见表 2.1。

表 2.1　学生个人任务成果

<table>
<tr><td colspan="4">实训任务名称：参观一家旅行社并总结其部门及岗位设置等内容</td><td colspan="2">任务性质</td><td>个人任务</td></tr>
<tr><td>考察旅行社名称</td><td></td><td colspan="2">考察旅行社的地址</td><td colspan="3"></td></tr>
<tr><td>注册资金</td><td></td><td colspan="2">企业标识及含义</td><td colspan="3"></td></tr>
<tr><td>员工数量</td><td></td><td colspan="2">工资待遇</td><td colspan="3"></td></tr>
<tr><td>该旅行社主要部门设置及其职责描述</td><td colspan="6"></td></tr>
<tr><td>该旅行社的岗位设置及职责描述</td><td colspan="6"></td></tr>
<tr><td>个人感受描述</td><td colspan="6"></td></tr>
<tr><td>姓名</td><td colspan="2"></td><td colspan="2">组别</td><td colspan="2"></td></tr>
</table>

（二）小组任务

小组任务在课上讨论。

（1）小组成员调查广安旅行社概况（含名称、注册资金等）列表。

（2）小组成员调查旅行社选址分析。

（3）小组成员调查旅行社部门与岗位设置，以及岗位对员工能力的要求。

（4）形成成果报告（手写或打印）。

学生小组任务成果见表 2.2。

表 2.2　学生小组任务成果

<table>
<tr><td>任务成果书名称</td><td colspan="3">旅行社考察成果书</td></tr>
<tr><td>实训任务名称</td><td>参观一家旅行社并总结其部门及岗位设置等内容</td><td>任务性质</td><td>小组任务</td></tr>
<tr><td>考察旅行社名称</td><td colspan="3"></td></tr>
<tr><td>分析小组成员所调研旅行社选址的差异</td><td colspan="3"></td></tr>
<tr><td>分析小组成员所调研旅行社部门设置及部门职责的差异</td><td colspan="3"></td></tr>
<tr><td>分析小组成员所调研旅行社岗位设置的差异</td><td colspan="3"></td></tr>
<tr><td>小组感受描述</td><td colspan="3"></td></tr>
<tr><td>小组成员签名</td><td></td><td>组别</td><td></td></tr>
</table>

四、任务实施

（1）小组成员分别汇报个人调研情况及内容，小组组长或组长指定人员负责汇总。

（2）将调研旅行社的名称、注册资金、重点业务等一一列出。

五、任务总结

以一家旅行社为调查对象，从旅行社概况、部门构成和任务、人员构成和要求、主要岗位职责及能力要求、主要产品的设计与销售、企业文化建设等方面进行调查。

六、知识总结

（一）旅行社的定义

世界旅游组织给出的旅行社的定义为“零售代理机构向公众提供关于可能的旅行、居住和相关服务，包括服务酬金和条件的信息。旅行组织者或制作批发商或批发商在旅游需求提出前，以组织交通运输，预订不同的住宿和提出所有其他服务为旅行和旅居做准备”的行业机构。

我国《旅行社管理条例》中指出：旅行社是指以营利为目的，从事旅游业务的企业。其中，旅游业务是指为旅游者代办出境、入境和签证手续，招徕、接待旅游者，为旅游者安排食宿等有偿服务的经营活动。

（二）旅行社的设立条件

申请设立旅行社，经营国内旅游业务和入境旅游业务的，应当具备的条件：有固定的经营场所；有必要的营业设施；有不少于 30 万元的注册资本。

旅行社的注册资本，应当符合下列要求：国际旅行社，注册资本不得少于 150 万元；国内旅行社不得少于 30 万元的注册资金。

申请设立旅行社，应当按照下列标准向旅游行政管理部门交纳质量保证金：

经营国内旅游业务和入境旅游业务的旅行社，应当存入质量保证金 20 万元；经营出境旅游业务的旅行社，应当增存质量保证金 120 万元。

质量保证金及其在旅游行政管理部门负责管理期间产生的利息，属于旅行社所有；旅游行政管理部门按照国家有关规定，可以从利息中提取一定比例的管理费。

（三）我国旅行社的分类

1. 按《旅行社管理条例》的分类

1996 年出台的《旅行社管理条例》根据不同旅行社企业的经营范围，将我国的旅行社分为以下两类。

（1）国际旅行社。国际旅行社的经营范围包括入境旅游业务、处境旅游业务和国内旅游业务。国际旅行社根据资质条件和业务的不同，又可分为两类：一类是能同时经营入境旅游业务、出境旅游业务和国内旅游业务的企业，因为国家对经营出境旅游业务企业资质的限制，这类企业的数目相对较少；另一类是能同时经营入境旅游业务和国内旅游业务的企业，国际旅行社多属于这一类。

（2）国内旅行社。国内旅行社是指经营业务范围仅限于国内旅游业务的企业，这类旅行社数目较多。

2. 按旅行社业务进行分类

（1）组团社。组团社是指在客源地招徕、接待游客，解答游客咨询，组织游客前往旅游目的地游览观光的旅行社。

（2）地接社。地接社是指旅游目的地接待来访旅游团并安排其在当地活动的旅行社；地接社的业务内容还包括接待来旅游目的地游览的散客的临时报名，组织他们游览当地风光，安排他们在当地的部分旅游活动。

（四）旅行社的组织结构

旅行社是指以营利为目的，从事旅游业务的企业，其主要业务部门和管理部门的设立具有一定的共性。旅行社的组织设立主要有两种方式：

1. 按照职能设置的旅行社组织结构

按照职能划分部门的直线职能制组织结构，是目前大部分中小型旅行社采用的组织结构模式，见图 2.1。这种组织结构的特点是权力高度集中，部门职能明确，分工各不相同。上下级之间实行单线从属管理，总经理拥有全部权限，尤其是经营决策权和指挥权。旅行社的部门由业务部门和管理部门构成，业务部门包括外联部、计调部、接待部、散客部、导游部等；管理部门包括财务部、人力资源部、办公室等。不同旅行社的部门分工有所不同，部门名称也会有小的差异，但在多数旅行社，主要业务部门具有下述功能。

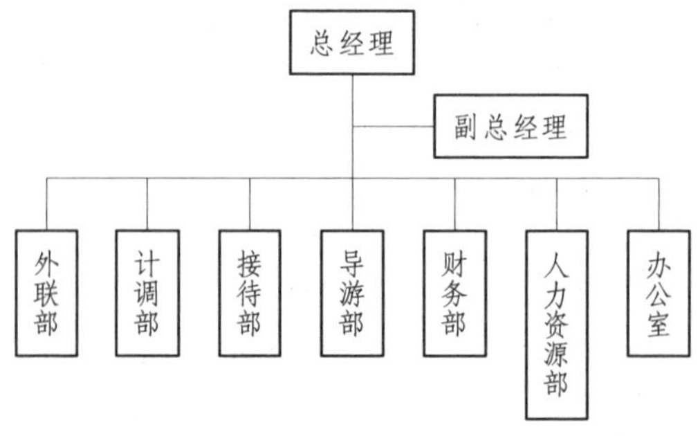

图 2.1

（1）外联部。

有些旅行社称外联部为营销部或销售部，主要负责旅行社产品的销售。外联部是公司对外联络、收集信息的部门，承担对外协作联系，市场开发，市场营销计划、方案的创作等职责，为保持旅行社同合作部门的良好关系，畅通旅游渠道，为销售旅游产品做好前期准备和善后工作。

（2）计调部。

计调部是旅行社的核心机构，主要负责旅游线路的设计、线路中所需产品的采购以及旅行社行程的安排等职责。该部门掌握旅行社的各种资源，负责线路中各个要素的安排，如旅游活动中车、餐、住宿等安排，其工作质量决定旅行社工作质量。

（3）接待部。

接待部是旅行社的窗口之一，负责公司业务受理、散客及团队游客接待等任务。接待部人员的工作态度和业务水平关系到游客对旅行社印象的好坏。

（4）导游部。

导游部是公司直接为旅客服务的部门，是公司对外的重要窗口，负责导游、翻译业务和对导游人员的管理，并规范导游服务。

（5）财务部。

财务部是旅行社的财务管理机构，负责旅游团款的收支、团费的发放、办公经费的支出，员工工资的发放、税款缴纳等事务，是旅行社运营健康的晴雨表。

（6）人力资源部。

人力资源部负责员工招聘、培训、公司人员档案管理、绩效考核等内容，为公司的持续发展提供后续力量。

（7）办公室：统筹、管理、行政。

办公室是日常、常规事务的管理中心。一般负责公司日常行政、人事、档案、法律、后勤、秘书、福利、劳动保障等工作，同时负责协调和监督各部门职能的履行，开展公司工作总结，并与政府主管机构和有关部门建立和保持良好的工作关系。

2. 按产品设置的旅行社组织结构

按产品设置的旅行社组织结构指旅行社以自己所经营产品类型进行部门划分，形成企业组织结构，这种组织结构形式在一些中型或大型旅行社中较多出现，见图 2.2。其优点是各部门分工明确，业务熟练；缺点是各部门工资可能出现重复，造成人力、物力、财力的浪费。

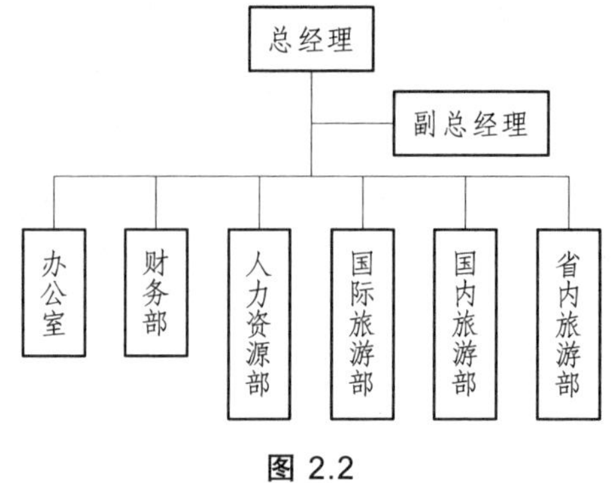

图 2.2

（五）旅行社的主要工作人员

1. 经　理

旅行社职业经理人，是经过国家旅行社职业经理人考试并取得旅行社职业经理人资格证书，或在旅游行业有一定作为，受聘于旅行社，统领旅行社日常工作的一种职业经理人。

其岗位守则及行为规范如下：

（1）以身作则，遵守公司的各种规章制度。

（2）理会公司经营目标，贯彻细化公司董事会的经营计划，根据公司经营目标及董事会经营计划，确定公司的部门设置及人员编制。负责部门经理的人事安排，制定公司各种规章制度，全权向公司董事会负责。

（3）制定公司的发展战略规划，经营计划，组织监督各项规划和计划的实施。全面协调公司对外营销，确立公司在市场上的形象和地位。

（4）提高综合分析能力、加强组织协调能力。推行公司制度化管理工作，积极向公司董事会提供对公司发展有利的决策。

（5）负责公司的综合管理，坚持原则，实事求是，恪尽职守，清廉公正，自觉抵制不正之风。积极采纳员工合理化建议，抓紧员工专业知识培训工作。

（6）严格监控各部门工作，发现问题果断采取相应措施，及时解决问题。

（7）负责对部门经理的绩效考核，有权建议对各级管理人员和职能人员奖惩、任免及晋升。

（8）关心员工，体察下情，发扬民主，倾听不同意见，明辨是非，之人善用。善于发现人才，使用人才，培训人才，提升人才，推荐人才，发挥各类专长人才的作用，调动他们的积极性和自主性，为公司发展储备人才。

2. 计调人员

（1）负责公司旅游资源的研发采购，开发设计旅游线路。

（2）维护与旅游景点、旅游饭店、旅游交通部门及合作旅行社的关系。负责旅游景点门票、旅游饭店的预订，导游人员、旅游交通工具的调度等。

（3）加强自我学习，提升开拓创新能力，根据公司经营目标、季节变换及社会实时活动等，开发新型旅游产品。

（4）协助公司管理人员对导游、前台及业务人员进行旅游专业知识培训。

（5）收集、听取其他部门的反馈信息，努力提高旅游产品质量，降低成本，对旅游产品定价提出合理化建议。

3. 业务部经理

（1）以身作则，遵守公司的各项规章制度。

（2）明确公司的营销策略，领导业务部人员完成公司的营销计划。

（3）提高业务管理能力，加强组织协调能力，及时把握和分析市场动态，掌握最新营销信息，并用于工作中去。

（4）招聘和培训业务人员，增强业务部整体业务素质，提高团队的业务能力。

（5）制订业务计划和业绩目标，要求每一位业务人员制订工作计划和业绩目标，监督和督促其完成，必要时给予帮助。

（6）根据每一位业务人员的实际情况（性格、学识、喜好、经验、人际关系等），帮助其制定一套符合自身的工作方法。

（7）加强对客户关系的管理。了解业务人员客户关系的管理情况，对其重点客户及难攻客户关系的管理，予以帮助。

4. 前台接待

设立前台部的目的是为做好对公司来访人员的接待工作，负责对来访人员进行信息登记，并接待散客。

前台及导游部的工作职责：

（1）接待公司来访人员，进行信息登记，并通知相关人员接待。

（2）接受散客预订，为散客办理相关手续，交给计调和财务人员。

（3）收集、整理游客的反馈信息，接受游客投诉，交给公司内部相关工作人员进行处理，把处理结果反馈给游客。

（4）加强自我业务学习，接受公司安排的培训，提高专业技能和服务水平。

（5）自觉加强自我职业修养，维护公司形象。

5. 导游人员

导游是旅游产品销售的最后一个也是最重要的一个环节，直接影响旅游产品的质量，关系公司的整体形象。

6. 财务人员

（1）遵守国家对企业财务管理的法规政策及职业道德，遵守企业的各种管理制度。

（2）认真做好本职工作，按时把各项财务报表上交到国家相关财政管理部门及公司相关管理者。

（3）做好财务分析报告，为公司管理者提供可靠的财务分析数据，提供合理化的管理意见和建议。

（4）业务往来账款信息及时通知相关人员，督促并协助业务人员追收未受账款。

（5）配合行政部门为公司工作人员配备相关的工作用具。

（6）根据公司的工资福利制度，对公司工作人员进行业绩评估，为其发放相应的工作报酬。

（7）根据公司财务保密制度及财务人员职业道德规范，对公司财务信息保密。

为实现公司经营目标，完成公司营业计划，加强公司制度化管理，以上各部门应各司其职，相互协调，精诚团结，努力工作。

【延伸阅读】

托马斯·库克

托马斯·库克（1808—1892），英国旅行商，出生于英格兰墨尔本，近代旅游业的先驱者，也是第一个组织团队旅游的人。1828 年库克成为一名传教士，后来成为一位积极的禁酒工作者。库克组织了欧洲范围内的自助游，向自助旅行的游客提供旅游帮助和酒店住宿服务。19 世纪中期，托马斯·库克创办了世界上第一家旅行社——托马斯·库克旅行社（即通济隆旅行社），标志着近代旅游业的诞生。19 世纪下半叶，在托马斯·库克本人的倡导和其成功的旅游业务的鼓舞下，首先在欧洲成立了一些类似于旅行社的组织，使旅游业成为世界上一项较为广泛的经济活动。

1841 年 7 月 5 日，托马斯·库克包租了一列火车，运送了 570 人从莱斯特前往拉夫巴勒参加禁酒大会，往返行程 22 英里，团体收费每人一先令，免费提供带火腿肉的午餐及小吃，还有一个唱赞美诗的乐队跟随，这次短途旅游活动标志着近代旅游及旅游业的开端。此后，他率先在英国正式创办了通济隆旅行社，专门经营服务业务。托马斯·库克与他的旅游社的名字蜚声于英伦三岛。为此，托马斯·库克被世界公认为商业性旅游的鼻祖。

1845 年夏，托马斯·库克自任领队，组织了 350 人的消遣观光团去利物浦旅游，并编发了导游手册。

1851 年，库克组织了近 16.5 万人参加“伦敦水晶宫”世界博览会。

1855 年，库克组织了从英国莱斯特前往法国巴黎的旅游，在巴黎停留游览 4 天，全程用一次性包价，其中包括在巴黎的住宿和往返旅费，总计 36 先令。事实上，这也是世界上组织出国包价旅游的开端。

到 1864 年，经托马斯·库克组织的旅游人数已累计 100 多万。

1872 年，托马斯·库克自任导游，第一次开办了有 10 人参加、历时 70 天的环球旅游。

1878 年，托马斯·库克退休，业务由其子约翰·梅森·库克主持。(1939 年，通济隆旅行社在世界各地设立了 350 余处分社。)

1872 年，他创办了最早的旅行支票，可在世界各大城市通行，通济隆旅行社还编印了世界最早的旅行杂志，曾被译成 7 国文字，再版达 17 次之多。

此外，他还在欧洲、美洲、澳大利亚与中东建立起自己的旅游系统。1880 年，他又打开印度大门，拓展了埃及市场，成立了世界上第一个旅游代理商，被誉为“世界旅游业的创始人”。

任务二　了解旅行社产品

一、任务准备

任务目标：了解旅行社产品的构成因素。

二、任务分析

产品质量的好坏，关乎一个企业的生命；旅行社产品设计是旅行社经营中首先要解决的问题，旅行社产品质量的好坏，将直接关系到旅行社经营的成败。在实施教学过程中，充分讨论旅行社产品包含的主要内容，并模拟设计旅行社产品，为日后从事旅游产品设计岗位打下基础。

三、任务分派

考察本市旅行社推出的旅游线路产品，分析总结旅游线路产品所包含的内容。

（一）个人任务

小组成员每人考察广安市内一家旅行社的旅游线路产品，记录旅行社常规线路产品包含哪些内容以及线路产品的宣传方式。

学生个人任务成果见表 2.3。

表 2.3 学生个人任务成果

实训任务名称	考察一家旅行社旅游线路产品，并找出产品包含哪些内容	任务性质	个人任务
考察旅行社名称			
旅行社常规产品			
产品宣传方式			
个人感受描述			
姓　名		组　别	

（二）小组任务

小组任务在课上讨论。

（1）从小组成员所调研的旅游线路中选两条进行对比。

（2）分析线路的构成要素、特色等。

（3）分析线路宣传方式的差异。

（4）形成成果报告（手写或打印）。

学生小组任务成果见表 2.4。

表 2.4　学生小组任务成果

实训任务名称	考察一家旅行社旅游线路产品，并找出产品包含哪些内容	任务性质	小组任务
考察旅行社名称			
分析小组成员所调研旅行社线路产品的特色与差异			
分析小组成员所调研旅行社产品宣传方式的差异			
小组感受描述			
小组成员签名		组　别	

四、任务实施

（1）小组讨论确定任意两项旅行社产品的旅游要素以及宣传方式。

（2）讨论旅行社产品的构成要素、特色以及宣传方式的优缺点。

（3）小组组长或组长指定人员介绍本小组的评价结果。

五、任务总结

了解旅行社产品，主要了解如何根据市场推出不同的旅游线路，有的旅行社还办理相关业务，推出相关产品。

六、知识总结

（一）旅行社产品的含义

旅行社为满足旅游者旅游过程中的需要，凭借一定的旅游吸引物和旅游设施向旅游者提供的各种有偿服务。在旅行社的各类产品中，旅行社线路产品是旅行社的基础产品，因而常常被用来指代旅行社产品。

（二）旅行社产品的构成要素

1. 旅游吸引物

（1）含义。

狭义：能够被旅行社在产品开发中所利用，能够被组合到旅行社产品构成中的事物和现象。

广义：能吸引旅游者到来，并激发其旅游兴趣的事物和现象。

（2）类别：自然吸引物、人文吸引物、社会吸引物。

旅游吸引物是旅行社线路产品的核心。

2. 旅游生活服务

旅游生活服务包括住宿、交通、餐饮、购物以及娱乐等。

3. 导游服务

（1）导游讲解：现场、沿途。

（2）旅行生活服务：接送、生活照料、安全服务、上下站联络等。

4. 旅游保险

旅游保险主要为旅行责任险等。

（三）旅行社产品形态

1. 包价旅游产品

（1）团体包价旅游产品。

15 人以上组成的旅游团。一次付费，将各种相关旅游服务全部委托一家旅行社办理，包括交通、住宿、餐饮、导游、门票等。

（2）小包价旅游产品。

非选择部分：住宿、交通。

可选择部分：导游、餐饮、参观游览。

（3）零包价旅游产品。

旅游者只跟随旅游团前往和离开旅游目的地，到达目的地后，旅游者可以自由活动。

2. 组合旅游产品

旅游目的地旅行社根据市场需要，设计旅游线路。由客源地旅行社组织散客送到目的地，在目的地将旅游者集中组团，每个团的人数不限。

3. 单项旅游服务产品

导游、交通接送、代办票据、代办签证等。

旅游者只跟随旅游团前往或离开旅游目的地，到达目的地后，旅游者可以自由活动。

（四）旅行社产品的特征

1. 综合性

综合性是旅行社产品最基本的特性。首先，表现在它是由多种旅游吸引物、交通设施、娱乐场地以及多项服务组成的满足人们在旅游活动中对住、食、行、游、购、娱各方面需要的综合性产品。其次，旅游产品的综合性还表现在旅游产品所涉及的部门和行业很多，其中有直接向旅游者提供产品和服务的部门和行业，也有间接向旅游者提供产品和服务的部门和行业。

2. 易受影响性

旅行社产品的易受影响性又称脆弱性或易折性。其直接成因是旅行社产品的综合性，因为旅行社提供旅游的过程和旅游者旅游实现的过程涉及众多的部门和因素。此外，旅行社产品的易受影响性还表现在旅游活动涉及人与自然、人与社会和人与人之间的诸多关系，诸如战争、政治动乱、国际关系、政府政策、经济状况、汇率变化、贸易关系以及地缘文化等经济、社会、政治、文化的变化都会引起旅游需求的变化，并因此影响旅行社产品的生产与消费。

（五）旅行社产品设计的原则

1. 市场原则

（1）根据市场需求变化的状况开发产品。

（2）根据旅游者或中间商的要求开发产品。旅行社根据旅游者和客源产生地中间商的要求，设计出符合市场需求的旅游产品，开拓市场。

（3）创造性地引导旅游消费。旅行社应审时度势，创造性地引导旅游消费。

2. 经济原则

所谓经济原则是指以同等数量的消耗，获得相对高的效益或以相对低的消耗取得相同的效益。旅行社产品开发的经济原则，表现在旅行社产品既要价廉物美，质价相符，又要高质高价，物有所值，物超所值，有利于产品销售，保证旅行社获取较大的利润。

3. 安全第一的原则

旅行社的产品要使旅游者在旅游过程中人身和财产安全确有保障。

4. 旅游点结构合理、布局得当的原则

（1）在条件许可的情况下，一条旅游线路应尽量避免重复经过同一旅游点。

（2）点间距离适中。一般说来，城市间交通耗费的时间不能超过全部旅程时间的 1/3。

（3）择点适量。

（4）在交通安排合理的前提下，同一线路旅游点的游览顺序应由一般的旅游点逐步过渡到吸引力较大的旅游点。

（5）一般而言，不应将性质相同、景色相近的旅游点编排在同一线路中。

5. 交通安排合理的原则

交通工具的选择应以迅速、舒适、安全、方便为基本标准。在具体安排上，长途一般应乘坐飞机；交通工具的选择应与旅程的主题相结合；同时，要保证交通安排的衔接，减少候车（机、船）的时间。

6. 服务设施确有保障的原则

旅游线路途经旅游点的各种服务设施必须得到保障，如交通、住宿、饮食等。这是旅行社向旅游者提供旅游服务的物质保证，缺少这种保证的旅游点一般不应考虑编入旅游线路。

7. 内容丰富多彩的原则

旅游线路一般应突出某个主题，并且要针对不同性质的旅游团确定不同的主题。如“草原风光旅游”“中国美食考察旅游”等，都有自己鲜明的主题。

同时，旅行社还应围绕主题安排丰富多彩的旅游项目，让旅游者通过各种活动，从不同的侧面了解旅游目的地的文化和生活，领略美好的景色，满足旅游者休息、娱乐和求知的欲望。在同一线路的旅游活动中，力求形成一个高潮，加深旅游者的印象，达到宣传自己、吸引游客的目的。

【延伸阅读】

2004年年初，广安乐游旅行社的周经理在做市场分析时发现，当年是邓小平100周年诞辰，一些企事业单位打算组织学生到革命老区进行革命传统教育。周经理认为，应该抓住这一契机，设计和开放“革命传统教育游”产品。由于这种产品以前未曾面市，究竟能否成功，周经理并非十分有把握。于是，他在广安当地进行实地考察，了解当地的景点、参观线路、接待设施、导游水平以及往返于重庆和成都所需的时间。同时，他还与广安当地酒店、景区等接待单位的负责人座谈，了解景点门票、食宿的价格。通过实施考察，周经理认为新产品不仅有较大的市场需求，能够吸引较多的旅游者前来，而由于广安及附近地区可用于接待旅行者的住宿设施数量偏少，必须提前预订，以保证在旅游旺季时的供给。于是，他便同当地的旅馆和招待所签订了客房包租协议，以较低的价格包租了当年的全部客房。

同年5月，新产品开放成功后，旅行社并没有立即大张旗鼓地利用刊登广告进行宣传促销，而是先在较小范围进行试销。到了6月底，在市场上，一些旅行社开始推出同类产品时，周经理认为时机已成熟，决定大规模地进行促销宣传。广告刊出后，由于该旅行社在价格、线路、包含的内容方面均具有较大优势，吸引了大量的旅游者。此时，由于各地的旅游者报名踊跃，各家旅行社应接不暇。但是，由于广安极其附近地区的住宿设施已经被乐游旅行社全部包租，其他旅行社只好将旅游者安排到华蓥市，甚至在南充市住宿，这样既增加了往返的交通费用，也减少了旅游者在广安的停留时间，从而引起了一部分旅游者的不满。

周经理及其同事们充分利用了这种对本旅行社十分有利的市场形势。一方面，他们向前来咨询的旅游者介绍该旅行社在提供旅游者住宿方面的优势，吸引更多的旅游者报名参加由该旅行社组织和接待的团队。另一方面，他们又在其包租的旅馆和招待所出现空闲客房时，将其转租给其他旅行社，从而增加收入。这一年，广安乐游旅行社由新开发的“革命传统教育游”产品获得了丰厚的经营收入，为来年的经营和企业的进一步发展准备了更多的资金。

七、课后作业

（1）该旅行社为什么会选择邓小平 100 周年诞辰作为新产品？又是如何对其进行设计和开发的呢？

（2）周经理为什么要预定当地旅馆和招待所当年的全部客房？这样做的好处有哪些？

项目三　广安旅游交通信息采录

任务一　调查广安旅游交通概况

一、任务准备

（一）任务目标

了解旅游交通的类型及各类旅游交通的特点，了解广安旅游交通概况，掌握广安主要旅游交通详情。

（二）任务场景

安辑通过考察应聘，来到四川广土旅行社顶岗学习。由于经常要带团到广安各景区景点，所以必须要非常熟悉广安的旅游交通。他可以通过哪些方法来了解广安的旅游交通呢？请你帮他搜集广安的旅游交通信息并整理出相关资料以备旅行社使用。

二、任务分析

中学时已学过交通运输的方式和各种交通运输方式的优缺点。交通运输既有客运也有货运，即使是客运也不全是旅游交通，旅游交通中还有部分是公共交通。广安旅游交通，可以分为铁路、公路、航运和特种交通等方式，每种交通方式又可以分为广安对外旅游交通和广安市区内部旅游交通。在调查旅游交通时，又可分交通线和交通点（车站、码头等）。除现场调查外，还应通过网络或地图进行查询，也可咨询他人。

三、任务分派

（一）个人任务

完成所分派的旅游交通调查任务，并进行整理，写出调查报告，在组内进行交流发言。

（二）小组任务

围绕所分配的旅游交通类别划分任务，整理并写出小组调查报告，就调查内容在全班交流。

四、任务实施

（一）个　人

（1）就小组分派的广安旅游交通内容进行调查（见表 3.1）。

表 3.1　旅游交通调查表

<table>
<tr><td colspan="5">项目名称：</td></tr>
<tr><td colspan="5">调查地点及对象：
时　间：</td></tr>
<tr><td rowspan="2">站点情况</td><td>连接终点站</td><td>售票窗口</td><td>候厅情况</td><td>与市区联系</td></tr>
<tr><td></td><td></td><td></td><td></td></tr>
<tr><td>交通线</td><td>班　次</td><td>交通时间</td><td>交通工具情况</td><td>交通服务</td></tr>
<tr><td></td><td></td><td></td><td></td><td></td></tr>
<tr><td></td><td></td><td></td><td></td><td></td></tr>
<tr><td></td><td></td><td></td><td></td><td></td></tr>
</table>

（2）整理个人调查资料，写出调查报告。

（3）将调查资料（原始的调查记录、照片、网络搜集素材、调查表、个人调查报告）传到教师指定的网站。

（二）小　组

（1）将不同旅游交通方式及交通内容分配给各小组成员调查（见表 3.2）。

表 3.2

姓　名	调查项目	调查内容	调查方式

（2）就调查内容组织小组讨论。

（3）指定人员整理小组调查资料，写出小组调查报告并上传到教师指定网站。

（4）推荐一人在全班交流发言。

五、任务总结

将广安的旅游交通按方式分配给不同的小组来完成，小组内又可以按车站的位置、结构、站台情况、停靠车辆情况、直达站点、班次、服务设施、公交情况等内容进行任务分派。广安交通以公路和铁路为主，调查的重点主要是点（车站），因为调查车站可以了解主要交通线路和班次。除了点以外，市内中心城市到景区的交通线和交通工具也是调查内容之一。另外，不能忽略景区内部交通的调查，调查时要特别注意充分利用旅游交通地图。

六、知识总结

（一）旅游交通概述

1. 旅游交通的定义

旅游交通是指为旅游者由客源地到目的地的往返，以及在旅游目的地各处活动而提供的交通设施和服务的总和。

2. 旅游交通的特性

旅游与交通的关系密不可分，交通为旅游的发展提供了必要的条件，旅游对交通的发展也起到了相当大的促进作用。现代旅游的快速发展在很大程度上是依赖现代交通的结果。旅游交通在整个国民经济交通运输业中，既有其特殊性，又具有相对的独立性。

（1）层次性。

旅游交通层次分明，从其送游客的空间尺度及人们的旅游过程来看，可以分为三个层次。

第一层次：外部交通，指从旅游客源地到目的地所依托的中心城市之间的交通方式和等级，其空间尺度跨国或跨省。交通方式主要有航空、铁路和高速公路。比如外国人或外省人要来广安旅游就要选择航空、铁路或高速公路。

第二层次：中间交通，涉及中小尺度的空间，指从旅游中心城市到旅游景点（区）之间的交通方式和等级。交通方式主要有铁路、公路和水路交通。例如，旅游者要从大理到南诏风情岛旅游，选择了水路，借助游轮这个旅游交通工具，从而实现游览的目的。

第三层次：内部交通，指景区（点）内的交通，主要有徒步或特种旅游交通，如索道、游船、畜力（骑马、骑骆驼）、滑竿等。旅游者游览苍山既可以选择徒步，又可以选择乘坐索道。而游览宾川鸡足山在某些路段时，旅游者可以选择骑马。

（2）游览性。

游览性，顾名思义，就是旅游交通的线路设计和交通的设施上都必须具有游览性，这也是旅游交通区别于普通交通最明显的特征。第一，从旅游交通线路的设计来看，旅游交通一般只在旅游出发地和目的地之间进行直达运输，或在若干旅游目的地之间进行最小重复的环状运输，使游客在最短的时间内到达旅游目的地，且尽量不走回头路，做到“旅短游长”“旅速游慢”，使一次旅游能到达尽量多的旅游景点。第二，在旅游交通设施方面，旅游交通工具如随处可见的一些豪华旅游大巴，大多装饰豪华，车窗宽大而明亮，座椅舒适可调节，以便旅客在乘坐时观赏沿途风光。第三，旅游交通工具各具特色，如时速高达430公里/小时的上海磁悬浮列车以及古老的牛车、马车和极具地方风情的竹筏、滑竿等，本身就对旅游者有极大的吸引力。

（3）舒适性。

旅游交通较一般的交通更注重提高人们乘坐的舒适性，特别体现在一些国际的旅游专列和巨型远洋邮船的豪华设施设备上。旅游专列在时间安排、车厢设施、服务质量和项目、乘客定员等方面都优于一般的旅客列车。例如，欧洲的"东方快车"就是比较好的旅游火车，其一等车厢相当于酒店的商务间，里面自带一个小餐厅，有淋浴设施，方便、舒服；二等车厢相当于饭店的标准间，也带有卫生间。

（4）季节性。

旅游活动受季节、天气及人们闲暇时间的影响，表现出很强的季节性，有淡、旺季之分。反映在旅游交通上也是如此，节假日期间，旅旅游交通的客运量会急剧增加。因此，采取季节差价是保持旅游交通客运量相对稳定的措施之一。

3. 旅游交通的方式与特点

（1）铁路交通。

铁路旅游交通是以铁道为交通线、旅客列车为交通工具的现代化交通运输方式。火车是近代旅游发端的主要运输工具。铁路交通的优势在于客源量大、费用低、速度快、安全舒适、准时、受季节和气候等自然条件的制约性小；劣势在于工程造价高、修筑工期长、受地区经济和地理条件限制、灵活性差。铁路旅游专列是近年来我国出现的一种新的大众化旅游方式，有中长途专列，也有短途专列，具有“有流就开，无流停运”、灵活性高、比较方便、服务水平相对较高的特点。

（2）航空旅游交通。

航空旅游交通的优势为快捷、舒适、安全、灵活，能够满足旅游者“惜时如金”的心理需求。劣势在于票价高、购置费用高、受天气条件的制约性大等。航空旅游交通方式在现代旅游业特别是长距离的国际国内旅游中处于绝对垄断地位，随着商务旅游、度假旅游的兴起，大众对民航的要求越来越高，旅游包机也应运而生。

（3）公路旅游交通。

公路交通工具是最常用的旅游交通工具，大多数旅游者出行都选用汽车。在一些经济发达地区，汽车已成为个人或家庭拥有的普通交通工具，旅游者可完全按照自己的需求，自由选择出游时间和游览线路，这就形成了自驾游。近几年来，大理的旅游定位逐渐从观光旅游向休闲旅游过渡，省内的旅游者多采用自驾游的方式来大理游玩，因此，对大理公路旅游交通的要求逐渐提高。

（4）水路旅游交通。

水路旅游交通可以带着游客欣赏流动的风景。在大理，水路交通几乎只是用于连接旅游中心城市到旅游景点（区）之间的交通纽带。洱海优越的自然资源和人文资源为大理的水路旅游交通奠定了重要的基础。

（5）特种旅游交通。

特种旅游交通包括索道、缆车、游船、轿子、滑竿、马、牦牛、骆驼、竹筏、电瓶车等交通方式，多用于风景区内，具有浓郁的地方特色。其优点是便于游客通过一些难行路段，有些还带有娱乐、参与、观赏性质，在风景区内的交通中占有一定地位，可以招来游客，提高旅游价值。在游览大理的旅游景点中，苍山运用了索道、缆车，宾川鸡足山利用马，大理古城和崇圣寺三塔都利用电瓶车的方式实现了游览的目的。

4. 旅游交通与旅游线路的关系

（1）旅游交通是旅游者实现旅游活动的必要条件。

旅游者按照某一既定路线旅游时，首先要解决的就是从居住地到旅游目的地以及在多个旅游目的地之间的空间转移问题，解决的方法是采用适当的交通方式，旅游交通是旅游线路的重要组成部分。一般而言，旅游者可用于旅游的闲暇时间是有限的，若克服空间距离所用的时间超过一定的限度，旅游者就会改变旅游线路或旅游目的地的选择，甚至会取消旅游计划，因此采用不同旅游交通方式所耗费的时间，也是需要考虑和解决的问题。原则上说，旅行时间越短，游览的景点就越多，旅游者旅游体验的满意度也会越高。

（2）旅游交通是区域旅游线路发展的命脉。

旅游线路必须依赖旅游者的来访才能生存和发展下去，只有当旅游目的地的可进入性达到能使旅游者大量、经常地前来访问的程度时，该区域的旅游线路才会有不断优化和发展的可能。许多地区发展旅游的经验和教训表明，即使自然风景再美，人文名胜再古老，如果地理位置偏僻，交通不便，也很难对旅游者形成吸引力，更谈不上增加旅游经济收入。

（3）旅游交通是旅游收入（创汇）的重要来源。

旅游收入的门类很多，其中旅游交通的收入份额占有相当大的比重。2003年，在我国的国际旅游（外汇）收入构成中，长途交通和市内交通占总收入的比重在30%。根据《旅游统计年鉴》等资料显示，欧美国家的游客来我国旅游时，其交通费用的支出（包括国际间往返交通费、在我国旅游期间的城市间交通费和市内交通费）往往要占到其旅游费用的一半以上。

（4）旅游交通是旅游线路质量的重要评价指标。

关于旅游线路的质量评价，可以按整体质量与分项质量分别建立指标体系进行评价，比较常用的方法是调查征询游客意见法。由于旅游者在地域、文化、经济、兴趣、性格等诸方面存在较大差异，因此对“食、宿、游”方面的评价有较大的弹性，而对旅游交通质量的评价则比较一致。例如，一些旅行社发现，在反映旅游线路质量问题的投诉中，交通问题占了相当大的比例。由此可见，旅游交通是旅游线路质量好坏的重要评价指标，尤其是当旅游线路由“观光型”向“豪华型”“享乐型”发展时，更是如此。

（5）旅游交通能成为旅游线路的游览项目。

新型的现代化交通工具和最能突出表现地方特色与民族风格的交通工具（如沙漠地区的骆驼等），可以使旅游交通成为旅游线路上的游览项目，甚至在一定程度上成为旅游者旅游目的之所在。例如，上海浦东国际机场至龙阳路地铁站全长 29.863 公里的我国第一条高速磁悬浮列车开通后，乘坐和感受时速 430 公里的磁悬浮列车，和磁浮一起“飞翔”，成为旅游活动中的主要内容。而峨眉山、黄山景区中提供的独具特色的滑竿、轿子等，从某种程度上说也是旅游交通成为游览体验的活动项目。

（二）广安旅游交通

广安市公路总里程已达 10 000 公里，实施了南合高速、邻垫高速、襄渝铁路二线改造，沪蓉高速横贯，兰渝铁路高南支线已于 2014 年 8 月通车，广安港正加紧建设，渝广巴高速建设正快速推进。

1. 外部交通

广安市地处川渝结合部，是川东方向至重庆和南下东进的重要通道，也是全国“五纵七横”交通干线上的重要节点。

（1）广安外部旅游交通现状。

广安建区设市以来，打通了成都、重庆、武汉、西安、兰州五个出口，强化了五大城市客源市场对广安的辐射作用。抓住西部大开发机遇，努力构建全市铁路、公路、水路交通框架体系。同时，发挥已有主网干道作用，改善地区和景区的旅游环道系统，提高景区旅游交通等级，从而使全市旅游可进入性线路网络基本形成。

目前，广安市除航空外，铁路、公路、水路交通便捷畅达。

电气化铁路襄（樊）——渝（重庆）线纵贯南北，拥有火车站 6 个，其中广安站是川东片区重要的物资、客源集散地，每日有 6 对客运列车停靠，可直达成都、重庆、西安、郑州、北京和武汉。

【小知识】

襄渝铁路

襄渝铁路起点位于襄阳站，由襄阳北站离开襄阳铁路枢纽经老河口东站、谷城站、武当山站、十堰站、白河县站、旬阳站、安康站、紫阳站、万源站、达州站、渠县站、广安站、华蓥站，经由北碚站介入重庆铁路枢纽，终点到达重庆西站全长 837 公里。(其中襄阳-老河口东与汉丹铁路共轨。)

这条铁路横贯鄂、陕、川、渝三省一市，东与汉丹、焦柳铁路衔接，中与阳安、西康铁路相通，南与达成、达万、巴达、遂渝、兰渝、成渝、川黔、渝怀铁路相连，是联络中国中原和西南地区的交通大动脉，对发展经济、加强国防具有重大意义。该线襄阳至莫家营段 56 公里，1960 年建成通车。新建铁路正线长 859.6 公里，由铁道部第二、三、四勘测设计院和电气化工程局设计，铁道兵担负施工。参加施工的铁道兵部队有 8 个师 2 个独立团，另有铁道大桥工程局、电气化工程局和湖北、陕西、四川等省民工。全线东西两段分别于 1968、1969 年开工，中段于 1970 年第 1 季度开工，1973 年 10 月接轨通车。1975 年 11 月至 1979 年 12 月分别交付运营。2009 年 9 月 20 日襄渝铁路复线工程完工，北京到重庆可朝发夕至。

东（北）起焦柳线上的襄阳站出岔向西引出，襄阳北站至老河口东站段与汉丹铁路共轨。从湖北襄阳市出发经老河口市、谷城县、丹江口市、武当山旅游经济特区、十堰市、郧县，进入陕西省；过白河县、旬阳县、安康市、紫阳县，进入四川省，经万源市、达州市、渠县、广安市、华蓥市，最后进入重庆市。襄渝线是继宝成线、川黔线、成昆线后第四条出入四川省及重庆市的通道，特别是由中原入川，为加强川东地区、重庆市与湖北等省的联系起到了很大的推动作用。襄渝线贯通了达成线、达万线，是东进四川、重庆的重要道路。

规划建设中的兰（州）—渝（重庆）铁路穿境而过，将打通广安向北而出的快速通道。公路网络四通八达，区内公路通车总里程、平均密度均高于全国和四川省的平均水平。广（安）渝（重庆）、广（安）南（充）高速公路全线贯通，南充至重庆高速公路将穿过武胜境内。广安还拥有过境国道 210、212、318 三条，过境省道石（柱）—南（充）线、仪（陇）—北（碚）线、溪（口）—石（梯镇）线、广（安）—遂（宁）线四条，以及县道岳（池）—

武（胜）路、广（安）—武（胜）路两条。国、省、县道纵横交错，构成了以铁路、公路为主体的“三横四纵”交通网络格局。同时，境内嘉陵江、渠江连接长江“黄金水道”，航运直通重庆、南京、上海。渠江水上游、太极湖水上游等已成为新兴的热门旅游项目，为广安蓬勃发展的旅游业增添了一道亮丽的景观。

【小知识】

兰渝铁路

兰渝铁路正线自兰州枢纽兰州东站引出，溯宛川河谷经金崖、杨家川，跨渭河经渭源至大草滩，以隧道群穿越渭河与洮河分水岭；经岷县穿越黄河与长江分水岭，而后线路靠山取直以隧道群避开岷县至陇南之间的崩塌、滑坡、泥石流等不良地质地段；沿小岷江、白龙江东岸至陇南市，避宝珠寺等梯级电站，以 29.7 公里长隧道穿越西秦岭，于洛塘河东岸以隧道穿越裕河、毛寨省级自然保护区南缘至广元市；经苍溪沿嘉陵江东岸行进，通过四川阆中、南充、广安至直辖市重庆枢纽。

正线从甘肃陇南进入，青川姚渡镇是入川第一站，然后经羊木镇再到广元站（广元有广元、广元西、广元南三个车站）；再经元坝、苍溪、阆中、南部、南充，由武胜出川，再在重庆合川接遂渝铁路的合川站进入重庆。除了正线，还有一条广安支线，从南充市达成铁路上的南充东站引出，经岳池、广安以后在华蓥高兴镇与襄渝线完成接轨。主线的重庆至广元段时速为 250 公里/小时，其余主线线路和广安支线线路均为 160 公里/小时。

桥隧线长度约 560 公里，占线路总长的 70%左右。

兰渝线起始及沿途重要市县有：甘肃兰州—甘肃榆中—甘肃渭源—甘肃岷县—甘肃宕昌—甘肃陇南—广元青川—广元朝天—四川广元—广元元坝—广元苍溪—四川阆中—四川南部—四川南充—四川武胜—重庆合川—重庆。

兰渝铁路项目估算总投资 829.16 亿元，其中甘肃境内段投资约 430 亿元，由铁道部与重庆、甘肃、四川合资建设。根据设计，兰渝铁路的铁路等级为国铁 I 级，双线电气化，客车速度目标值 160 公里/小时，有条件地段预留 200 公里/小时。全长 820 公里，另外修建南充经广安至华蓥高兴镇单线铁路 95 公里。规划输送能力：客车 50 对/日、货运 5 000 万吨/年。全线共设 30 处车站，2 处线路所。但为了提高重庆主城到陕西西安的速度，兰渝铁路重庆主城到四川广元段速度已提高到 250 公里/小时。重庆主城到四川广元全程运行速度控制在 1.5 小时，从而实现兰渝铁路渝广段与西成铁路、渝黔铁路的无缝对接。

兰渝铁路广安支线，又称南（充）华（蓥）高速铁路，全线为单线，总里程为62公里。兰渝铁路四川广安支线经在建的南充北站引出穿岳池县城而过，且贯穿岳池全境到达距广安市区2公里的枣山镇后再次进入岳池境内，接着进入华蓥市在高兴镇与襄渝铁路接轨，最后过渝川界南下直辖市重庆。

广安支线设岳池站（建筑面积9 000平方米）、广安南站（建筑面积12 000平方米）、华蓥南站（原高兴站，建筑面积6 000平方米）共3个客货两用车站。此外，在岳池县中和镇、兴隆镇分设两个用于错车的越行站，等今后条件成熟形成运量后，可望扩建成车站。

广安南站将建成为兰渝铁路标志性车站，因为广安是一代伟人邓小平的家乡，所以有关部门在对广安南站的建筑设计上格外慎重，广泛征求了各界人士的意见，经过反复研究，采取招投标方式，由专业设计公司设计。建筑风格将与小平同志革命历程相结合，体现川东民居特色，达到大气美观的效果。车站征地拆迁工作已基本完成，平场工作正有序开展。车站硬件设施按高标准建设，车站建成后，将成为兰渝铁路线上的标志性车站。

兰渝铁路分为三个部分，分别为四川段主线、甘肃段主线、广安支线，三个部分的设计标准与通车时间都不同：四川段主线（广元到重庆）：双线，设计时速250 km/h，初期200 km/h，预计2015年上半年通车；甘肃段主线（广元到兰州）：双线，设计时速200 km/h，初期160 km/h，预计2015年12月通车；广安支线（与设计时速160 km/h的襄渝二线接轨）：单线，设计时速160 km/h，预留提速条件，2014年7月30日通车。

广安支线通车预计开通3对（6趟）动车组：成都—遂宁—南充—广安南；广安南—南充—遂宁—成都；成都—南充—岳池—广安南；广安南—岳池—南充—成都；南充—岳池—广安南—重庆北；重庆北—广安南—岳池—南充。

广安公路网络四通八达，到成都仅需2.5小时、重庆1小时、武汉8小时、西安6小时。到2016年，广安40分钟即可到重庆。

广安距重庆江北国际机场110公里，约1小时车程；距成都双流国际机场300公里，约2.5小时车程；距南充机场80公里，约40分钟车程；距达州机场168公里，约1.5小时车程。

（2）广安旅游交通发展前景。

公路方面：通过建设巴广（渝）、遂广、广潼资高速公路，形成境内6条高速纵横交错，5条直达重庆的快速通道网络，争取实现6条县道升省道、两条省道升国道，打通与重庆、达州、南充、遂宁等周边地区二级通道，形成省界区域性次级公路枢纽。

铁路方面：通过实施重庆—广安城际铁路、遂宁—广安—利川客运专线、广安—邻水—重庆长寿铁路、兰渝铁路南充广安段复线等项目，形成区域性次级铁路枢纽。

水路方面：坚持“港区、园区、城区”三区联动，建成渠江广安港、嘉陵江武胜港，实现 1 000 ~ 3 000 吨级船舶直航上海，形成具有装卸存储、多式联运功能的川东北枢纽港。

航空方面：通过建设直达重庆、南充机场的快速通道，实现不同运输方式的无缝衔接。同时，完善江北国际机场广安候机楼功能，增加机场专线客运班车，以此链接发展航空、铁路、公路、水路一体化的“天地通”业务。

2. 中间交通

广安市在“十二五”期间大力发展旅游交通的三个措施：一是以邓小平故里核心景区和华蓥山石林、天池、小山坝、宝鼎核心景区为支撑，编制完成全市《“十二五”红色旅游公路建设规划》，共包装项目 4 个，规划总里程 119.7 公里，估算总投资 9.3 亿元。二是确定小平故里创 5A 景区总体建设方案分工，着力完善小平故居周边干线公路穿越核心景区。2015 年以来，改建小平故里路工程 12.2 公里，总投资约 1.2 亿元。三是重点组织和指导实施花罗路彭家至枣山段改建工程、小山坝景区红色旅游公路工程、天池及石林景区红色旅游公路改造工程，打造旅游产业集群。目前，广安规划的旅游产业园区达到 10 个，总面积超过 600 平方公里，占到全市总面积的 10%。

3. 内部交通

广安市内县县通高速，主城区到各县区市均实现了半小时通达，既有直接开往邓小平故里旅游景区、神龙山巴人石头城、思源广场等

景区的城市公交车，也有开往华蓥山旅游区、宝箴塞、天意谷风景区等主要景区一日游旅游直通车，能够满足自驾车旅游、团队旅游、散客旅游等不同形式的需求。

广安重点修建华蓥山石林旅游公路、华蓥山宝鼎旅游公路、华蓥山南宋文化旅游公路、小山坝旅游公路、华蓥跃进水库旅游公路、华蓥山宝鼎旅游公路邻水境内段、华蓥仙鹤洞旅游公路、黄新路、大秤路至邻水御临河小南海旅游公路、嘉陵江武胜流域水上景点沿江公路、佛手山（协兴）至南峰山（广门）公路、渠江广安流域沿江旅游公路、协兴至青龙湖（郑山）公路、东板至金城山、金城山至象鼻河旅游公路、邓小平故居至肖溪冲相寺、邻水县太阳岛休闲城公路工程等旅游公路。随着内部交通建设和其他基础设施的完善，将进一步增强景点的吸引能力。

【延伸阅读】

广安高速公路

（1）沪蓉高速公路东起上海，西达成都，途经上海、江苏、安徽、湖北、重庆、四川 6 省市，贯穿中国东西，全长约 1 966 公里，是国家规划的纵横国道主干线公路网的重要组成部分，也是国家重点规划的四川省出省主要通道之一。

（2）包茂高速公路：起点在包头，终点在茂名，全长约 3 130 公里。该路在广安市邻水县与国道主干线沪蓉高速公路“十字”相交，并与襄渝铁路、达成铁路、达万铁路、河市机场以及渠江等内河航运联网，对完善川东地区综合运输网络、改善地区投资环境具有十分重要的作用。

（3）南渝高速公路：全长约 157 公里，是 12 个进出川大通道之一，是连接四川和重庆的重要通道。该高速公路是国家高速公路规划中兰州至海口高速公路中的重要一段。南充至武胜段起于南充市高坪区王家沟，经广安岳池县、武胜县，止于川渝交界处的街子，全长约 65 公里。

（4）遂宁至广安高速公路（在建）：起于绵遂高速公路金桥互通，止于广安红土地与广南高速公路相接。全长约 97 公里，估算总投资 73.29 亿元，对构建遂宁、广安区域性次级交通枢纽，加快遂宁市和广安市融入成渝经济区具有重要意义。

（5）巴中至广安高速公路（在建）：起于巴中市元潭镇，止于岳池县伏龙镇张家祠堂附近。全长约 208 公里，估算总投资 176.44 亿元，建设工期 3 年，将形成渝川陕最便捷的通道。

广安港

广安港（在建）：广安港是川东北地区第一个开工建设的现代化港口，建成后将成为川东北地区通过渠江、嘉陵江进出长江最近的水运口岸。广安港一期工程主要包括新东门作业区一期工程（含 6 个 1 000 吨级泊位）、富流滩船闸改扩建工程、渠江（四九滩—丹溪口）航道整治工程三个部分，项目估算总投资 24.3 亿元，计划 2012 年 12 月开港营运。到 2030 年，广安港将建成广安港区、华蓥港区、岳池港区和武胜港区 4 个港区，总投资超过 50 亿元，规划 60 个泊位全部建成，形成 100 万标箱、2 180 万吨的年通过能力。

任务二　旅游交通选择

一、任务准备

（一）任务目标

了解旅游交通选择的相关理论，掌握正确选择旅游交通的方法。

（二）任务场景

安辑学习了一些旅游交通的理论，通过调查和查阅资料了解了广安的旅游交通概况。现在旅行社组织了一个到云南丽江的某企业职工旅行团，应怎样选择交通呢？如果目的地改成九寨沟、改成上海，又该如何选择呢？

二、任务分析

旅游交通选择是旅游线路设计的重要内容。首先我们要学习一些旅游交通选择的理论知识，在此基础上调查旅行社在规划旅游线路时是如何选择旅游交通的。将全班分成几个组，每个组调查一家旅行社，了解出国、出境（广安）、市内旅游交通方式的选择，并分析其合理性。

三、任务分派

（一）个人任务

完成小组分派的调查任务，整理调查资料并写出调查报告。

（二）小组任务

写出小组调查报告并上传到教师指定网址，在全班交流。

四、任务实施

（一）个　人

（1）调查旅游交通选择（见表 3.3）。

表 3.3

旅行社名称：		
旅游产品名称：	调查对象：	调查时间：
旅游线路	交通选择情况	交通选择的合理性分析

（2）整理调查资料完成调查报告个人部分。
（3）上传调查材料和个人报告。

（二）小　组

（1）组织小组讨论（旅游交通该怎样选择）。
（2）指定一人完成小组调查报告初稿并共同修改完善。
（3）上传小组报告，推荐一人在全班交流。

五、任务总结

通过旅游交通选择的理论学习和实践调查，学生可以了解旅游交通选择的原理、旅游交通选择在旅游线路设计中的作用。通过调查既可与社会接触，又可提高团队协作意识，同时还能锻炼学生将理论与实践相结合的能力，了解旅行社线路产品中的真实交通选择。

六、知识总结

（一）旅游线路设计中的旅游交通选择

旅游线路通过旅游交通把各个景区、景点串联起来。没有安全、方便、快捷的旅游交通，就不可能有规模化发展的旅游业，旅游交通是旅游线路设计的物质基础和不可缺少的重要环节。交通条件的好坏直接影响旅游者对旅游目的地及旅游线路的选择，在旅游线路设计中，只有对旅游交通方式、工具以及它们之间的相互衔接等进行精心合理的安排，旅游线路才具有旺盛的生命力。

1. 旅游线路对旅游交通的基本要求

总体来看，旅游者在对旅游线路中各种交通方式做出选择时，往往会受下列因素的影响：旅游交通价格或旅游费用因素，旅游目的地、距离和旅游时间因素，旅游者收入及旅游者经验因素。例如，经济型旅游者对价格比较敏感，价格高低通常对他们起决定性作用，所以他们选择的交通方式往往是经济实惠的水路或铁路交通。受时间和地域条件的限制，人们常会追求“快捷、安全、高效”的航空或铁路交通方式，公务繁忙的商务旅游者更是如此。旅游者根据自身的实际情况，量入为出。当然，享受型旅游者相对来说比较注重旅游价值以及舒适程度，所以更愿意选择航空或特种旅游交通方式。

（1）安全、快捷、舒适、经济。

“安全、快捷、舒适、经济”是旅游者选择旅游线路与旅游交通工具时首先要考虑的问题。在旅游线路设计时，对旅游目的地交通的现状进行深入调查，选择最适宜的交通方式和交通工具，并制订详细具体的线路计划，使旅游交通线路合理、形式多样，衔接方便。例如，乘坐夜行卧铺列车、轮船等，既可节省住宿费用，又能节省时间。

① 安全。

安全是人们最基本的需求之一，虽然现代交通的安全性日益提高，但由于旅游过程中不可预测的因素太多，因而游客对旅游交通安全的关注度更高。当安全受到威胁时，旅游者会考虑改变行程。所以，交通安全是旅游线路设计对旅游交通最基本的要求，也是最重要的因素。

② 快捷。

旅游交通状况在很大程度上决定了旅游目的地、景点的可进入性。旅游者无不希望“旅”少“游”多，在有限的时间内，快捷地到达目的地，从而能有更多的时间用于景观游览。在旅游线路设计中，对于旅游交通的安排必须遵循直达原则和省时原则。旅游交通服务应避免过多地更换交通工具增加旅游者经济、体力上的消耗。直达可以更好地确保旅游者财物和人身安全，使旅游者获得美好的第一印象,为后续旅游活动的开展奠定一个良好的开端。省时原则，旅游交通服务应尽量减少旅游者的在途时间，以增加游览时间，在旅游线路的选择中，人们不仅要考虑金钱花费，也会关注时间耗费，因此往往会青睐耗时少的交通工具。旅游线路设计中还要求各种交通方式衔接紧凑、方便，使旅游者能方便地从家门口或附近的集合点启程，尽量减少候车（机、船）时间。

③ 舒适。

旅游者在旅游活动中的一个重要心理诉求就是消除紧张感，获得轻松、解放感。特别是人在旅途过程中，只有消除了紧张感，才能全身心地投入到旅游中，充分享受旅游的乐趣。旅游线路设计应尽可能地提供舒适的交通环境，减少疲劳、危机感（如不安全，不可靠等），以便旅游者能够精力充沛地游览。交通工具的内部环境噪音大、颠簸动荡、空气混浊、空间狭小、座位不舒适、卫生设施不齐备，都会给旅游者带来不便，导致旅途不愉快。现在许多旅游车、船、飞机等交通工具上都安装有影视音像设备，提供了报纸、杂志等，努力营造富有家庭化、人情味的交通服务，给人以平和、亲切、真诚、温馨之感，使旅游者有居家的感觉，从而使身心得到放松和愉悦。单调的环境容易使人疲劳，旅游线路设计除要保证交通畅通外，还要重视与线路配套的外部环境。例如，高速公路两旁如果多种植一些花草树木，且注重颜色和品种的搭配变化，再加之沿途的田园风光、姿态各异的地形地貌，不仅能增加旅游者视觉上的新鲜感、美感，减少和消除单调所带来的视觉疲劳，也有利于司机安全驾驶。

④ 经济。

旅游线路的“经济”反映在旅游交通工具的选择上，就是要求旅途费用少，这是旅游线路设计时必须要考虑的问题。“安全、快捷、舒适”等方面的因素必然与“经济”要求相矛盾，因而旅游线路设计应协调好上述因素，尽量使旅游者感到在享受“安全、快捷、舒适”交通的前提下，自己的花费还是“值得”的，甚至是“便宜”的。

（2）旅游交通多样化。

旅游交通除了可以解决游客旅游中“旅”的问题外，还可以增加“游”的交通设计，在可能的情况下，把旅游交通变成旅游者的目的。从旅游线路的主题出发，根据旅游交通的实际情况，尽可能地安排一些丰富多彩的节目，以满足旅游者求新求异的心理，如骑马、骑骆驼、乘船、坐马车、乘索道和缆车等，并将他们作为旅游项目有机地组织到旅游线路中去，起到调节游客情绪的作用。

目前，我国旅游线路中的旅游交通内容安排大多整齐划一，只考虑到健康成人的一般需要，而没有考虑不同人的多层次需要，尤其是特殊群体的需要，往往给这些旅游者带来诸多不便。由于旅游者经济、民族、年龄、身体等方面的差异，旅游交通手段也应多样化。不同年龄段的旅游者，对旅游交通的选择是不一样的。

① 老年人对旅游交通的选择。

相对来说，老年人对价格比较敏感，主要反映在对旅游交通、花费的选择上。在旅游交通安全方面，老年人从心理、生理上来说都是谨小慎微的。长线旅游以火车特别是旅游专列为主，至于飞机和一些有危险性的特种旅游交通工具，尽管吸引力较大但并不适合老年人。

在行程安排上要注意节奏，与老年人的身体状况相适应，旅游线路设计时要针对老年人的需求和特点进行细致的了解和分析，提供适应老年人需求的旅游交通工具和交通方式，这样的旅游线路才会受到老年人的欢迎。

② 中年人对旅游交通的选择。

中年人大多处于事业的关键时期，承受着工作和家庭的双重压力。由于工作需要，中年人公务旅游、商务旅游的机会较多，旅途中注重舒适性，飞机、火车卧铺、高速大巴常成为他们的主要交通工具。

该年龄阶段的人群往往通过旅行社预订旅游交通，有经验的旅游者则自己预订交通，一般不会选择那些交通不方便的目的地，因此，交通的便捷性对他们来说是至关重要的。

③ 青年人对旅游交通的选择。

青年旅游者喜欢独立和比较灵活的旅游方式，自助型旅游线路对他们来说较有吸引力。他们的消费主要集中在当地的旅游设施上，如在当地酒吧和餐厅里消费等，用于旅游交通方面的费用比普通旅游者低。

该年龄阶段的人群对旅游交通的选择特点是比较实用和灵活，他们大多具有冒险精神，喜欢选择特种旅游交通方式，如徒步、骑马、驼队、自行车或自驾车旅游。

④ 儿童对旅游交通的选择。

儿童生性活泼好动，多对知识性、趣味性、娱乐性的旅游项目感兴趣，对一些特种旅游交通方式比较喜欢。在旅游线路设计中要特别注意旅游交通安全。例如，在乘坐飞机或汽车时，要帮助或督促系好安全带（婴幼儿抱在怀中），不要让他们随便走动，防止颠簸引起碰撞而受伤；如果是选择骑马等危险系数较高的特种旅游交通方式，必须由成年人带领。

（3）旅游交通网络化。

旅游交通网络不仅是指一定密度的交通线路网，而且包括不同交通形式的相互组合和配合，实行优势互补，协调发展。其目的是旅游线路可有多种路线形式和交通选择。建立区域旅游交通网络，提高外部交通的通达性、内部交通的便捷性，是旅游线路设计的重要问题。

旅游交通网络化是实现旅游线路多层次化和多样化的前提和保证。这就要求在旅游线路设计中做到以下两点：以旅游目的地现有的航空、公路、铁路、水路等交通路网和工具为依据，合理组织旅游线路，尽量安排快捷直达的交通工具，以减少旅游者的在途时间。要根据旅游目的地旅游发展规模、结构与趋势，完善交通路网和工具，加大投入，使旅游交通配套化、高质量化及等级化。

2. 旅游线路中的旅游交通选择

旅游交通是旅游线路成功的保障。一方面，旅游交通是旅游线路设计的主要依据；另一方面，旅游交通也为旅游线路开拓了一片新领域、新天地。以交通为旅游的主要项目，或以交通为主、景点游为辅的旅游设计，既是交通路线，又是景观走廊，使旅游交通线路成为一道亮丽的风景线。当然，旅游交通的发展与旅游线路的设计在特定情况下也有互相抵触的地方。例如，为了提高旅游景区的可进入性，往往会有以破坏当地生态为代价的现象发生。

（1）以旅游交通路线设计旅游的游览项目。

以旅游交通线路设计旅游项目是目前普遍采用的一种交通旅游设计。对新开发的旅游项目首先必须考虑交通线路通达性、交通供应能力、交通舒适度等。依据交通路线策划设计旅游线路仍是最基本、最可靠的方法。如何提高旅游交通水平，增强交通的旅游特性，将是旅游业竞争的焦点之一。“旅游交通”的内涵十分丰富：在某些经济发展较快、地理条件较好的地区（城市），交通发展的新成果本身就是一项极好的旅游资源。例如，在上海乘坐磁悬浮列车，既可了解现代交通成果，也是一次极有价值的旅游体验。对于经济相对落后、信息比较闭塞的地区，兼顾景观风光旅游及娱乐健身等旅游内容，让旅游者体验和了解传统的交通工具，诸如乘坐牛车、马车，骑骆驼等也是一项极具趣味的旅游活动。

（2）以旅游交通水平设计旅游线路等级。

由于旅游者层次不同，对时间、费用、舒适度的认识差异也很大。事实上，旅游景点一般没多大变化，饮食与住宿、购物、娱乐等消费水平，更多地表现为个人行为，只有交通才是唯一可以构成“团队”统一消费水平的联系纽带。

按不同交通水平设计旅游线路是常用的方法之一，如常见的“双层豪华进口巴士游”被称为“豪华游”，火车硬座来回加上国产巴士则被称为“经济游”等，并以此征集客源组团旅游。

【案例】

“欧洲游”旅游航程规划

目前，从国内到海外的大部分旅游者都利用飞机作为交通工具。因此，充分掌握飞往国外航班的飞机线路、飞行时间、机种、服务设施等知识是非常重要的。规划航程包括选择航空公司、航班、转机城市和实际航线等。

“欧洲游”属于高端旅游产品，虽然前景良好，但也需高端的服务支持，产品的品质好坏将决定欧洲游市场能否健康发展，因此旅游交通这个环节就显得特别重要。例如，由北京出发的欧洲旅游团，可以选择中、英、法、德、意、芬、荷、瑞士、北欧（挪威、丹麦、瑞典）等10多家航空公司，选择依据为：直飞或转机航班频次、航线设计中转与衔接飞机机型与服务。

（1）直飞或转机。航空公司大多直航至首都，如果到该国其他城市就要在首都转机。如北京—巴黎，可经法兰克福（德航）、罗马或米兰（意航）、阿姆斯特丹（荷航）、苏黎世（瑞士）等中转飞抵巴黎，转机时要注意是否需要换机场或办理过境签证。中国旅行社一向认为在旅游产品的设计方面，舒适度是首要的，在他们设计的法、瑞、意、梵欧洲四国十日精品游线路中，采用国航的点对点航班，减少了转机时间，对追求旅游舒适的旅客有很大的吸引力。

（2）航班频次。洲际航班可能并非每日一班，因此，要注意不同航班的往返日期。目前，飞往欧洲的航班较多的有法航、德航和北欧航空，每周达四班，有的航班需要从东京转机。

（3）航线设计。欧洲航空公司大多规定欧洲票价是相同的或可以免费从欧洲延伸一段，如乘意航由北京—罗马和北京经罗马至伦敦、里昂、雅典、日内瓦、里斯本、马德里等城市不论是单程或往返价格都是相同的。还允许缺口行程，如意航的北京经罗马至伦敦航线，巴黎—北京和北京—罗马—北京航线的价格是相同的，可以免费在罗马停留一次。将旅程中的首站或末站作为转机城市，票价就经济多了。设计航线时还应注意尽量选择同一家航空公司或增加选择合作应允的两家航空公司，否则，票价可能十分昂贵。

（4）中转与衔接。如果不想在转机城市多作停留，就应尽量选择衔接紧密的航班，但国际转机至少需要1.5小时，否则可能因航班延误、行李转挂、气象条件等导致无法顺利接转。尤其是前段所乘航班飞行里程较长，停降次数又多时，衔接时间应该更宽裕一些。

（5）飞机机型与服务。一般座位较多的宽体客机飞行较平稳，震动和颠簸小，乘坐比较舒适。

如汉莎航空公司的北京—汉堡航线每周二、三、五、六、日使用258座的空中客车A300-600，每周一的航班则为164座位的麦道MD-82。规划航程离不开航班时刻表。外航的时刻手册都可以在其办事处免费得到，手册上有详尽的航班信息和查阅说明，并附有地图、机舱布局、航空公司新闻等。

【案例】

四川牟泥沟景区旅游线路

牟泥沟位于四川松潘县西 31 公里处，是世界遗产黄龙景区的组成部分，由扎嘎瀑布和一山之隔的二道海构成，面积 160 平方公里，两沟各长 5 公里，风光迷人，4 月至 11 月宜游，秋天最佳。扎嘎有一连串的阶梯式河床，上百个层层叠叠的环形瀑布在树丛中穿行，99 个海子，湖底钟乳，草甸，奇花异草，异彩缤纷，宛若迷人仙境。而当地浓郁的藏、羌、回民族风情，也令人陶醉。

骑马：

第一天，游客上午 9 时从松潘北门骑马出发，一路西行，下陡坡时，提醒游客脚紧踏马镫，人后仰。有时只要一匹马奔起来，整个马队就会跟着跑，场面壮观。到牟泥村往北 8 公里是二道海，往南拐 2 公里是扎嘎，马队沿着小溪走，放眼田野，高山、浮云、风光迷人。经三联票房和喇嘛后寺（寺内多壁画，寺周围挂满经幔、经筒，对面有漂亮的藏民楼），沿柏油路到扎嘎和矿泉水的岔路口，扎营山坳里，“入乡随俗”，食物是回族特有的大面饼和糖拌番茄加马茶，水就从涧中取。晚宿帐篷，品尝烤全羊，围着篝火唱歌。

第二天，骑马 2 公里去观瀑布，游毕走回营地。

第三天，去二道海。

第四天，过小桥入景区，经明镜般的天鹅湖、溶洞群、半道上最大的二道海、赤橙黄绿的百花海，传说是仙女营造的珍珠温泉湖，还可向南过石林、月亮湖，经国内十大名泉之一的翡翠矿泉水到扎嘎营地（共 8 公里）。

包车游与步行结合：

游客乘坐小车费用为 200 至 250 元两天，车程 82 公里，步行 16 公里，游扎嘎后送至“矿泉水”（雨天土路难行），在小桥处接回城，不走回头路，轻松、便捷。

第三天走马道，游扎嘎，三联宿。第四天返两公里至营地下土公路，北经野鸭湖 2 公里到矿泉水，6 公里出小桥，左拐翻山 5 公里回城，走 36 公里（含景区内 16 公里、山路 9 公里），需一天半，线路舒畅（雨天不宜）。

坐公交车与步行结合：

县汽车站约 7：00 有车，乘车行 31 公里到三联，翌日二道海（无车）走 6 公里到三联乘 8：00 车返回松潘，需一天半。

骑马与步行结合：

骑马游扎嘎后，第三天早餐后离马队，入野鸭湖游二道海，翻山，14 公里 7 小时抵城，过足马瘾。注意带干粮和饮用水，翻山用拐杖；人不立马尾，与马相遇，马不会让路。

3. 广安旅游交通选择

广安市内旅游交通主要是公路交通，广安城区及周边景区景点有公交车方便到达，各区、市、县景区景点有短途客运车辆运行。广安本地客人到外地旅游，交通方式依据旅游线路和目的地远近而异。例如，到省内的景区景点，多是坐火车到成都再换乘汽车或直接乘汽车到目的地；出省到重庆多是走高速；到更远的省市则有更多选择。

七、课后作业

如果广安的一家旅行社要组织一批老年游客游览九寨沟，应怎样选择交通工具？并说明原因。如果游览地点改为云南丽江、上海及周边、韩国济州岛，又该如选择交通工具呢？说明有哪些可选方案，并分析你最终确定交通方案的理由。

项目四　广安自然旅游资源信息采录

任务一　介绍广安地貌旅游资源

一、任务准备

（一）任务目标

（1）了解自然旅游资源的概念、类别、成因及形态特征，能识别广安不同类别的自然旅游资源。

（2）通过对地貌旅游资源的识别，引导学生欣赏美、发现美，培养学生的基本审美能力，为采集、撰写导游词及讲解做铺垫。

（3）培养学生收集信息、资料归纳汇总的能力；通过撰写、讲解，培养学生良好的语言表达能力。

（二）任务场景

安辑是大二学生，他的中学同学想到他这里（广安）旅游，安辑首先想到了广安优美的自然风光，想带同学们去看看奇特的华蓥山。介绍时，华蓥山上独特的地质地貌是必不可少的。如果你是安辑，将如何介绍和讲解这方面的地貌资源呢？

二、任务分析

要游华蓥山景区，了解欣赏山上的地质地貌资源。首先，要知道什么是地貌旅游资源，它的类别、含义、形成。其次，要收集广安还有哪些地貌旅游景点景区，接着对它们的不同特点要有所了解，具备简单的撰写能力。最后，确定怎样介绍地貌旅游资源。

三、任务分派

将全班分组，每组 5 ~ 8 人（建议尽可能地以寝室为单位分成一个组）。

一般情况下，寝室室长即为该组组长，负责任务分派，检查完成任务情况。组长负责组织讨论与修改，组织小组试讲，记录小组成员及小组任务完成时间和完成情况，负责完成任务过程中困难与问题的收集并及时与老师沟通。任务分配表见表 4.1。

表 4.1　任务分配表

第　　小组

<table>
<tr><th colspan="2">姓　名</th><th>任务内容</th><th>完成时间</th><th>完成情况</th></tr>
<tr><td rowspan="5">个人信息采录</td><td></td><td></td><td></td><td></td></tr>
<tr><td></td><td></td><td></td><td></td></tr>
<tr><td></td><td></td><td></td><td></td></tr>
<tr><td></td><td></td><td></td><td></td></tr>
<tr><td></td><td></td><td></td><td></td></tr>
<tr><td>小组整理</td><td></td><td></td><td></td><td></td></tr>
<tr><td>推荐讲解</td><td></td><td></td><td></td><td></td></tr>
</table>

（一）个人任务

按分派的采集方式采集广安地貌旅游资源，并进行初步整理。

（二）小组任务

分类整理所采集的信息，写出介绍词并修改，推选人员进行介绍。

四、任务实施

（一）信息采集

现场采集信息：

（1）准备笔、记录本、相机等。

（2）拟定采集方案：采集信息内容提纲、采集时间、采集场所、采集方式、采集的对象。

（3）按一定的顺序（如区县、类型）进行现场采集。

从纸质或电子搜集信息：要求学生从网上或者资料上搜集信息，对广安地貌旅游资源有一定的了解。

广安地貌自然资源信息采集表见表 4.2。

表 4.2　广安地貌自然资源信息采集表

景区名称	所在区县	类　型	特　点	特　色

（二）信息整理

将全班分组，每组 5 ~ 8 人，建议尽可能地以寝室为单位分组，每组任命组长。小组通过集体讨论调查内容，指定一人整理信息，形成介绍材料（见表 4.3）。

表 4.3

项　目	姓　名	时间、地点	内容或情况记录
信息初步整理			
讲解词修改			
小组内试讲			

五、任务总结

（1）采集信息要围绕一定中心或主题展开（如不同类型的地貌旅游资源的形成，吸引游客的原因及它的旅游功能和价值）。

（2）采集方式可以是参观考察、询问。

（3）由任课教师再从广安地貌旅游资源类型、区别、特征等各方面对各小组调研报告及实施方案进行总体讲评。

六、知识总结：广安地貌旅游资源

广安地貌旅游资源内容丰富，含义深刻，分布广泛。本任务侧重广安自然旅游资源中地貌旅游资源的采录。广安自然旅游资源中地貌旅游资源主要是华蓥山、石林、天意谷等。

（一）自然旅游资源的概念

自然旅游资源又称自然风景旅游资源，指凡能使人们产生美感或兴趣的、由各种地理环境或生物构成的自然景观。它们通常是在某种主导因素的作用和其他因素的参与下，经长期的发育演变而形成的。

（二）自然旅游资源分类

根据《中国旅游资源普查规范》，自然旅游资源可分为四大类，即地貌景观类、水域风光类、天气气象类和生物景观类。

自然旅游资源按其形态特征和成因可以归纳为以下几类：

（1）地貌景观旅游资源：如山地景观、喀斯特景观、丹霞景观、砂岩峰林景观、风成地貌景观、火山景观、冰川景观、海岸景观等。

（2）水域风光旅游资源：包括海洋、河流、湖泊、瀑布和各类泉水等。

（3）生物景观旅游资源：包括森林、草原和各种野生动植物、海洋生物等。

（4）天气气象旅游资源：如避暑、避寒胜地和四季宜人的温带与副热带游览地，极光、云海等。

（三）地貌及地貌旅游资源

地貌即地球表面各种形态的总称，又称为地形。地表形态是多种多样的，成因也不尽相同，是内、外力地质作用对地壳综合作用的结果。内力地质作用造成了地表的起伏，控制了海陆分布的轮廓及山地、高原、盆地和平原的地域配置，决定了地貌的构造格架。而外营力（流水、风力、太阳辐射能、大气和生物的生长和活动）的地质作用，通过多种方式，对地壳表层物质不断进行风化、剥蚀、搬运和堆积，从而形成了现代地面的各种形态，主要有陆地上的山地、平原、河谷、沙丘，海底的大陆架、大陆坡、深海平原、海底山脉等。

地貌旅游资源是指具有观赏价值和一定吸引功能的地表形态的总称。我国地貌类型多种多样，按形态可分为山岳、平原、高原、盆地旅游资源等；

按规模可分为大尺度地貌、中尺度地貌和小尺度地貌旅游资源；按岩石性质可分为花岗岩地貌、丹霞地貌、流纹岩地貌、岩溶地貌旅游资源等。无论哪种分类，不同地区的地貌，它们以其各自独特的形态特征与气象、水体、植被等自然要素有机结合，从而形成不同类型的地貌旅游资源。

（四）地貌与旅游的关系

地貌是自然环境的重要组成要素之一，不同的地貌条件影响自然环境，进而提供不同的旅游环境。

1. 地貌条件是自然景观存在的基础和前提

除部分气象气候景观外，自然景观总是孕育、诞生于特定的地貌环境中，并和富有一定特色的地貌联系在一起。奇特景观是在典型的山岳地貌条件下形成的。

2. 地貌可以单独构景，直接形成旅游资源

自然界许多奇异的地貌形态及过程，对旅游者具有强烈的吸引力，因此成为旅游资源的重要组成部分，不仅可以单独构景，有的甚至成为景区的主景。

3. 在某些景区通过地貌的配景可以增加美感

许多景区虽不是以地貌作为观赏、游览的主体，但由于地貌条件具有强烈的立体形象感染力，能起到增加意境的作用，地貌的有利配置可以很好地烘托出主景的美感。

（五）地貌旅游功能

1. 具有形态美，可以开展观赏性旅游活动

地貌旅游资源种类繁多。山岳景观的雄伟美、奇特美、险峻美，峡谷景观的幽静美，平原、戈壁、高原的畅旷美，都可以供游人欣赏，开展观赏性旅游活动，使游人在观赏中获得多种形态美的感受。

2. 具有科学文化属性，可以开展求知、科学考察旅游

各种地貌形态的形成、发生和发展，都有一定的规律性和哲理性。人们在观光游览的过程中，可以结合实际认识有关地貌现象，学习有关科学知识，满足人们求知的需要。同时，地球表面还有许多人迹未到之处，还有许多人们未知的事物有待去考察。

3. 具有空间载体特征，可以开展休闲、游乐、体育活动

某些旅游活动的开展，必须要有特殊的地貌作为空间载体。这些特殊的空间载体，成为吸引游人开展一定旅游活动的重要因素。如高山可开展登山旅游活动，海滨沙滩可开展游泳、沙滩运动，陡崖可以开展攀岩活动等。

（六）主要地貌旅游资源

1. 喀斯特地貌旅游资源

喀斯特地貌，也称岩溶地貌，是指具有溶蚀力的水对可溶性岩石（石灰岩、白云岩等）进行溶蚀等作用所形成的地表和地下形态的总称。喀斯特地貌的形成必须要满足四个基本条件：① 可溶性岩石；② 可溶岩能提供水渗透和运移的空间；③ 具有溶蚀能力的水流；④ 水流必须具有流动性。

喀斯特地貌分布在世界各地的可溶性岩石地区。中国喀斯特地貌有分布广、面积大、地貌多样、典型、生物生态丰富等特点，是世界上最大的喀斯特区之一。它有地上、地下景观之分，常见的具有旅游价值的地表形态主要有石芽、石林、峰林等；地下形态主要有溶洞、地下河、地下湖等。

2. 丹霞地貌旅游资源

丹霞地貌是指中生代湿热气候条件下沉积形成的红色陆相砂砾岩地层，由流水侵蚀、溶蚀、重力崩塌作用形成的赤壁丹崖及方山、石墙、石峰、石柱、嶂谷、石巷、岩穴等造型地貌。该地貌形成的必要条件是砂砾岩层巨厚，垂直节理发育。丹霞地貌发育始于第三纪晚期的喜马拉雅造山运动，其最突出的特点是“赤壁丹崖”广泛发育，形成了顶平、身陡、麓缓的方山、石墙、石峰、石柱等奇险的地貌形态。因在广东省北部仁化县丹霞山有典型发育而得名。

中国的丹霞地貌广分布在热带亚热带湿润区，温带湿润一半湿润区、半干旱-干旱区和青藏高原高寒区。由于红色砂页岩有较好的完整性，易于雕塑，故大量的石窟、石刻创作于红色砂页岩分布地区。

3. 火山地貌旅游资源

地球内部处于高温和高压的状态，当上覆岩层发生破裂或地壳背斜褶皱升起时，地下的炽热岩浆将沿地层的破裂面或背斜轴部喷出地表堆积成山体形态，这种山体被称为火山。火山地貌是指现代火山喷发时的景观和历史上火山喷发后留下来的遗迹。我国火山活动可分为东西两个带：东部活动带主要包括五大连池火山群、长白山火山、大同火山群、大屯火山群、广东雷琼及安徽、江苏等地区的火山；西部活动带主要包括腾冲火山群、新疆等地区的火山群。

4. 黄土地貌旅游资源

黄土地貌是指发育在黄土地层（包括黄土状土）中的地形。黄土是第四纪时期形成的陆相淡黄色粉砂质土状堆积物。黄土在世界上的分布相当广泛，占全球陆地面积的1/10，呈东西向带状断续地分布在南北半球中纬度的森林草原、草原和荒漠草原地带。中国是世界上黄土分布最广、厚度最大的国家，其范围北起阴山山麓，东北至松辽平原和大、小兴安岭山前，西北至天山、昆仑山山麓，南达长江中下游流域，面积约63万平方公里，其中以黄土高原地区最为集中。典型的黄土地貌有以下特征：

（1）沟谷众多、地面破碎。中国黄土高原素有“千沟万壑”之称，地面坡度普遍很大。

（2）侵蚀方式独特、过程迅速。黄土的抗蚀力极低，因而黄土地貌的侵蚀过程十分迅速。黄河每年输送到下游的大量泥沙中，有90%以上来自黄土高原。

（3）沟道流域内有多级地形面。黄土塬、梁、峁是黄土地貌的主要类型，它们是当地群众对桌状黄土高地、梁状和圆丘状黄土丘陵的俗称。

5. 风成地貌旅游资源

风成地貌是指风力对地表松散碎屑物的侵蚀、搬运、堆积作用而形成的地貌，主要分为风蚀地貌和风积地貌两种类型。风蚀地貌的主要类型有风蚀石窝、风蚀蘑菇、雅丹、风蚀城堡、风蚀洼地等；风积地貌形态最突出的是各种沙丘和戈壁。风成地貌在干旱地区较常见，在沙质海岸、湖岸、河岸等处也有小规模的分布。

6. 冰川地貌旅游资源

冰川是在极地或高山地区由多年积累起来的大气固体降水在重力作用下，经过一系列变质成冰过程而形成的天然冰体。冰川作用包括侵蚀、搬运、堆积等。冰川地貌是指由冰川作用塑造而成的地貌，按成因分为侵蚀地貌和堆积地貌两类。其常见的形态类型主要有角峰、刀脊、U形谷、冰川湖等。

7. 海岸地貌旅游资源

海岸地貌是指海岸在构造运动、海水动力、生物作用和气候因素等共同作用下所形成的、分布于海岸带附近的各种地貌形态的总称，其中波浪是海岸地貌发育的主要力量，包括海蚀穴、海蚀崖、海蚀拱桥、海蚀柱、海滩等多种形态。

8. 典型岩溶地貌旅游资源——华蓥山地质公园

华蓥山位于中国优秀旅游城市——四川省华蓥市境内，为国家AAAA级旅游区、国家森林公园、国家地质公园、全国红色旅游经典景区、全国爱国主义教育基地、四川十大消夏避暑胜地和省级旅游度假区。华蓥山景区内的中外名人蜡像馆堪称西南之最，其交通便利，距成都300余公里，距重庆100余公里，距南充90余公里，是一座博大的天然地质陈列馆，是川渝两地休闲避暑的好去处。

华蓥山地区，在中生代（7千万年前）为四川湖盆的一部分，与古大西洋相连。华蓥山在地质作用下经地壳运动抬升为陆，又受新构造运动中来自东南方的强大压力，褶皱隆起为山，并发生大断裂才形成今天的华蓥山脉。如今，华蓥山脉仍在缓慢上升。

华蓥山也是研究川东地区著名的“溶脊槽谷型”岩溶地貌的经典地。华蓥山地区的地质遗迹均是国内重要的地质景观。华蓥山构造岩溶地质公园更具有典型性、稀有性、自然性、系统性、完整性、优美性和面积适宜性等特点。现华蓥山被国家批准为“国家级地质公园”。

千姿百态的石林是怎么形成的呢？据考证，本地区石林在距今 2.8 亿年前的二叠系，我国南方发生了地球历史上最为广泛的一次海侵，华蓥山石林地质景区为海洋，沉积了厚达 400 ~ 600 米的石灰岩，地质学家将它命名为“茅口组灰岩”。今天见到的华蓥山石林的岩石就是这种石灰岩,其中保存着珊瑚、腕足类和蜓科类化石，而且壳质变得愈加硬实,腕足类还长有壳刺,这样它能适应生存竞争的考验，同时也经得起恶浪激荡。二叠纪中期，发生了一次重大的地质事件，四川西部发生岩浆喷溢，华蓥山受到影响,也小规模喷溢出一千多摄氏度的熔岩流来,熔岩厚达 50 余米，地质学家将它命名为玄武岩，现已成为华蓥山的重要矿产资源。而石林是在巨大地质构造及雨水、地下水等溶烛、冲刷和风化下，经过几千万年才形成岩溶地质地貌。简单来说，石林就是经风化溶蚀的石灰石残留岩体而形成的，这种地貌就属于典型的喀斯特地貌。喀斯特，是欧洲巴尔干半岛的一个地名，那里是石灰岩分布区，因石灰岩的溶蚀和侵蚀形成各种奇特的地形。后来，科学家们便借用“喀斯特”一词来称呼因岩石的化学溶解而引起的一系列地质作用和地貌现象。

【小知识】

地质公园

地质公园（Geo Park）是以具有特殊地质科学意义，稀有的自然属性、较高的美学观赏价值，一定规模和分布范围的地质遗迹景观为主体，并融合其他自然景观与人文景观而构成的一种独特的自然区域。地质公园既是能为人们提供具有较高科学品位的观光旅游、度假休闲、保健疗养、文化娱乐的场所，又是地质遗迹景观和生态环境的重点保护区，地质科学研究与普及的基地。

【扩展知识】

中国的世界地质公园

第一批：
黄山世界地质公园（安徽）
云台山世界地质公园（河南）
庐山世界地质公园（江西）
石林世界地质公园（云南）
丹霞山世界地质公园（广东）
张家界世界地质公园（湖南）
五大连池世界地质公园（黑龙江）
嵩山世界地质公园（河南）
第二批：
雁荡山世界地质公园（浙江）
泰宁世界地质公园（福建）
克什克腾世界地质公园（内蒙古）
兴文世界地质公园（四川）
第三批：
镜泊湖世界地质公园（黑龙江）
泰山世界地质公园（山东）
王屋山—黛眉山世界地质公园（河南）

伏牛山世界地质公园（河南）

房山世界地质公园（北京、河北）

雷琼世界地质公园（广东、海南）

第四批：

龙虎山世界地质公园（江西）

自贡世界地质公园（四川）

第五批：

阿拉善世界地质公园（内蒙古）

秦岭终南山世界地质公园（陕西）

第六批：

乐业—凤山世界地质公园（广西）

宁德世界地质公园（福建）

第七批：

天柱山世界地质公园（安徽）

第八批：

中国香港世界地质公园（香港特别行政区）

第九批：

中国延庆世界地质公园（北京）

湖北神农架地质公园（湖北）

第十批：

昆仑山地质公园（青海）

大理苍山地质公园（云南）

【学法指导】

通过本节的知识学习，小知识、延伸拓展的引导，展开拓展。我们可以查阅我国以及其他国家有哪些地貌旅游景区、景点的资料，它们有哪些特色、特点，收集整理，进行汇总归纳。同时，有意识地把整理出的知识，练习推介给同学、家人和朋友，从而提高自己在地貌旅游资源中的讲解能力和水平。

七、课后作业

通过参考教师教学课件，从图书资料及互联网查找资料，学生分组制作自己家乡地貌旅游资源的 PPT，撰写不低于 200 字的讲解词。要求：各小组的选择应不一样，最终涵盖七类地貌旅游资源，人人都能大胆上台讲解。

任务二　介绍广安气象、气候旅游资源

一、任务准备

（一）任务目标

（1）掌握广安气象、气候旅游资源的主要类别与代表性景区景点。

（2）了解广安主要气象、气候旅游资源的基本特征、旅游价值与分布状况，培养气象、气候旅游资源信息的采集能力；具有气象、气候旅游资源类别的识别能力；具有气象、气候旅游资源旅游价值分析及评价能力。

（3）培养讲解词的撰写能力，从表象感知、知识认知、理念感悟等方面着手。

（4）具有自主学习的能力，即景导游能力；收集信息、查阅资料能力；根据已有知识进行重构和创新的能力；较强的逻辑思维能力。

（二）任务场景

安辑所带领的中青年团游览完太极湖景区，游客还想到华蓥山看看雪，到宝鼎看看日出等。安辑打算亲自给游客讲解。如果你是安辑，将怎样准备、介绍和讲解呢？如果接的是其他旅行团，又该如何介绍？你认为他该介绍些什么呢？

二、任务分析

要介绍广安的气象、气候旅游资源，除具备必要的基本素质外，还要有一篇好的介绍词。写好介绍词的前提是采集华蓥山景区主要的气象、气候资源的信息，并在此基础上进行整理分析。广安其他气象、气候旅游资源分布在广安五个县，在收集的时候要明确收集类别，可采用分组的方式。

三、任务分派

任务分配见表 4.4。

表 4.4　任务分配

第×组

<table>
<tr><th colspan="2">姓　名</th><th>任务内容</th><th>完成时间</th><th>完成情况</th></tr>
<tr><td rowspan="6">个人信息采录</td><td></td><td></td><td></td><td></td></tr>
<tr><td></td><td></td><td></td><td></td></tr>
<tr><td></td><td></td><td></td><td></td></tr>
<tr><td></td><td></td><td></td><td></td></tr>
<tr><td></td><td></td><td></td><td></td></tr>
<tr><td></td><td></td><td></td><td></td></tr>
<tr><td>小组整理</td><td></td><td></td><td></td><td></td></tr>
<tr><td>推荐讲解</td><td></td><td></td><td></td><td></td></tr>
</table>

（一）个人任务

按分派的采集方式采集广安的气象、气候旅游信息，并进行初步整理。

（二）小组任务

整理所采集的信息，写出介绍词并修改，推选人员进行介绍。

四、任务实施

（一）信息采集

现场采集信息：

（1）准备笔、记录本、相机等。

（2）拟定采集方案：采集信息内容提纲、采集时间、采集场所、采集方式、采集的对象。

（3）按一定的顺序（如类型、区域）进行现场、图书、网络等采集。

从纸质或电子资料上搜集信息：要求学生从网上或者资料上搜集信息，对学院有一定了解。（见表 4.5）

表 4.5

姓　名	广安气象、气候旅游资源信息采集	资料整理	讨论并写出介绍词

（二）信息整理

将全班分组，每组 5 ~ 8 人，建议尽可能地以寝室为单位分组，每组任命组长。（见表 4.6）

表 4.6

景区、景点名称	所在区县	类　型	特色、特点	出现的时节

五、任务总结

由任课教师从广安自然旅游资源类型、区别特征等方面对各小组调研报告及实施方案进行总体评价。

六、知识总结：广安气象气候旅游资源

广安自然旅游资源内容丰富，含义深刻，分布广泛，本任务侧重于对广安人文旅游资源中气象、气候旅游资源的采录。我国气象、气候旅游资源类型多样，按纬度位置从南到北可分为赤道带、热带、亚热带、暖温带、温带和寒温带六个热量带。按水分条件，全国自东南向西北可分为湿润、半湿润、半干旱和干旱四个类型。同时，山区气候的垂直分异也很明显。广安自然旅游资源中气象、气候旅游资源主要分布在华蓥山。

气象、气候旅游资源是指对人类旅游活动具有吸引作用的气象气候条件和奇妙多彩的天气、气象现象。主要有大气中的冷、热、干、温、风、云、雨、雪、霜、雾、雷、电、光等各种物理现象和物理过程所构成的旅游资源。

（一）气象旅游资源的特点

气象因素很少单独构成旅游资源，通常需与其他构景因素相结合，形成自然旅游资源综合体。它们一般具有以下特点：

1. 多变性

大气中的物理现象和过程往往是瞬息万变、变幻无穷的。典型的如一日内冷、暖、阴、晴的变化。刚刚是倾盆大雨，即时就晴空万里，这些变化常常影响着景色的色彩、风采和明快度，给旅游者以不同的美感和多变感。

2. 速变性

气象要素中的雾、雨、电、光等要素的变化极为迅速，典型景象如佛光神灯、海市蜃楼、日落日出等都是瞬间出现、瞬间即可消失的气象景观，旅游者只有把握时机，才能观赏到佳景。

3. 背景和借景性

气象旅游资源虽然有时也可直接观赏，给人以美感，但毕竟不像山水花草等具体实在，故常作为其他旅游资源的背景和借景因素，以旅游资源综合体的形式出现，供人观赏。

4. 地域性

各种气象景观的出现都有一定的地域性，一些特殊景象必须在特定地点才可显现。

5. 时间性和季节性

不同的气象景观要素在一年内所出现的时间各不相同，有明显的季节变化。如冰雪景观只出现于冬季，而蜃景和宝光景一般见于中午或下午，日出、霞光等景的时间性更强。

（二）气象、气候对旅游的影响

构成气象气候的各种要素，如冷、热、干、湿、风、云、雨、雪、雾等，不仅具有造景、育景的功能，而且是人类旅游活动的基本条件，其影响主要表现在以下几方面：

1. 影响区域景观的形成

首先，气候一方面影响一个区域自然景观的形成，气候条件的不同使我国南北形成了不同的自然景观。如冬季我国北方冰天雪地、一派北国风光，而南方却郁郁葱葱、鲜花盛开。另一方面气候在区域人文景观的形成中也发挥重要作用。一般来说，经过长期的历史发展和选择，传统的社会生产和生活方式总是与一个地方的环境条件相适应，与气候的关系尤为密切，如南方的竹楼是适应湿热气候的产物。其次，气象条件是重要的构景要素，如云、雾、雨、霞等总是与山、林、水等要素相结合形成优美的景观。

2. 影响旅游流的时空分布

气候是影响旅游流周期性变化的重要因素。在我国，夏季游客客流集中在沿海海滨、湖滨和山区，以及海拔 1 000 米以上的高山地区。冬季气候严寒，低纬度地区的城市、景区等成为北方游客向往的地方。旅游业的淡旺季，更是由气候的季节性节律变化引起的。

3. 影响游客的观赏效果和舒适度

气象、气候是影响旅游活动非常重要的因素。首先，气象、气候是旅游活动的基本条件，影响旅游活动能否顺利进行。其次，影响游览效果和气氛。最后，影响游人的舒适度。

（三）气象、气候的旅游吸引因素

1. 分布的地域性

地理纬度、海陆分部、地形起伏对大范围气候的形成起着决定性作用。气候的地带性与非地长性分布，使各地气象气候旅游资源具有鲜明的地域性。求新求异是游客的普遍心理，久居在某一气候类型区中的人们，基本上都有去其他气候类型区体验的愿望，所以，各种气候类型都能以各自独特的气象气候景象构成旅游资源，从而激发人们的旅游动机。

2. 表现的奇特性

气象气候与天文现象常常以奇特的形式与色彩出现，以满足人们求新求异的旅游心理需求。如吉林雾凇，受水汽状况与树冠、枝条形态的影响，千姿百态，奇丽而壮观。奇特性还表现为一些气象气候与天文现象可见率较低。一方面，一些现象只出现于特定地区，如极光仅仅在极地地区才能见到，一般游客欣赏到这种现象的难度增大；另一方面，一些现象的出现频率非常低，如海市蜃楼、佛光等，这也使这些景观可遇而不可求。但正是这种少见的特性使这类资源的神秘感、奇特性和吸引力大为增强。

3. 状态的变化性

气象气候与天象景观表现出了明显的动态变化属性，这种变化性是其吸引力构成的重要方面。首先，变化可表现为瞬时变化方面，即许多天气、气象、天象景观在短时间内会发生变化。风、云、雾、雨等现象往往具有飘忽不定、变幻莫测的特点。佛光、蜃景、日出等光现象从出现到消失往往只有很短的时间，可谓是稍纵即逝，这类景观非常难得，观赏活动必须要把握时机。其次，变化性还表现在变化的节律性上。天气的寒来暑往、春秋交替，让人感受到大自然永不停歇的动态与活力。受冷暖变化的影响，植物“春花、夏荣、秋萧、冬枯”，形成了四时律动节奏，为旅游提供了丰富的资源。

4. 环境的康乐性

所谓气候的康乐性，是指一些地区的气候条件在气温、湿度、日照、风速等方面量度适中，配合较好，从而有利于人的身体保健和户外活动。康乐气候对游客，特别是疗养型的游客而言，是非常重要的吸引因素。在许多沿海地带，如连云港、青岛、秦皇岛等海滨地区有迷人的自然环境和良好的生态环境，夏天景色优美，空气清新，安谧宁静，没有拥挤、嘈杂和喧闹；蔚蓝色的大海，金色的沙滩，空气中富含负离子，海滨海水盐度高、水质清洁、水温适中、砂质好，这种康乐性气候吸引了大量的观光和疗养型旅游者，是理想的海滨浴场、避暑胜地和疗养胜地。

（四）气象、气候的旅游功能

1. 观赏与体验功能

独特的气象气候与天象要素构成奇异的自然景观，其本身就是旅游资源，对旅游者有很大的吸引力。

除了观赏功能外，气象气候还有体验功能，这是由于温度、湿度、风、光照等都能给人带来直接的身体体验、感觉。坐在海边的礁石上，感受海风轻轻拂面，嗅着有淡淡咸味的空气，看远处落日余晖，归帆点点，听身边浪涛拍岸，海鸥啼鸣。这种“亲身体验”的感觉往往能给游客留下深刻的印象，是更高层次的旅游形式，也成为旅游者进一步追寻的主要内容。

2. 休闲度假功能

人们对气候的感觉，最敏感的是气温、湿度和风，所以一般多以气温、湿度和风的配合状况来表示一个地区的气候舒适度。由于下垫面（地面、植被、水体等）结构、性质及周围环境的不同，引起近地面的热量与水分状况的差异，这种差异就使一些区域的气候条件具有了相对的优越性，有利于开展避暑消寒等度假活动。如地中海沿岸、加勒比海沿岸、夏威夷、阿尔卑斯山地、我国的庐山和北戴河，这些地方要么夏季凉快清爽，要么冬季温暖湿润，或有充足的阳光，从而成为著名的度假胜地。

由于地表状况影响而出现的一些局部小气候,也为休闲活动提供了条件。如湖滨地带受湖泊调节，与远离湖面的区域相比具有气温温差小、相对湿度较大的特点，加之有优美的水景和亲和环境，从而成为人们四季乐于前往的休闲场所；山谷、河谷地带，常形成山谷风，夏夜凉风习习，可供人们消暑、纳凉；乡野、农村由于地表植被覆盖度高，水面较多，空气污染少，形成与城市不同的气候条件，这是近年来我国乡村旅游、郊区度假休闲旅游盛行的原因之一。

3. 疗养健身功能

气候条件是疗养活动所必需的一个重要环境条件，许多“气候宜人”的环境适合开展疗养旅游活动。一般来说，洁净的空气，适宜的温度、湿度状况，充足的阳光及宜人的景色和病体康复有积极作用，有利于开展疗养活动。森林覆盖较好的山区及湖滨、海滨往往成为主要的疗养场所。如滨海区域四季温和，日照充足，空气清新、湿润，柔和的海陆风昼夜交替，十分宜人。

滨海风景区由于海浪拍岸，水被分裂成无数雾珠，使空气中负离子的数量增多。生物气象学家研究证实，负离子具有消毒、杀菌和净化空气的作用。富含负离子的空气进入人体，还具有镇痛、止咳、镇静催眠、降低血压和减轻疲劳的功效。我国滨海地区分布着许多著名的气候疗养胜地，如北戴河、烟台、青岛、大连等地。近年来，我国北方出现的所谓“候鸟型”老人，夏季时居住于北方城市，其气候凉爽干燥，易于避暑；冬季时则栖身于厦门、海南等海滨地区，气候温暖湿润，利于防寒。

（五）气象旅游资源的类型

常见的气象旅游资源类型很多，主要有雨景、云雾景、冰雪景、霞景、日月景、幻景、极光景等。

1. 雨　景

雨景是旅游中经常遇到的一种自然景观。雨景在特定的环境条件下，往往给周围旅游资源增添无穷的韵味。首先，细雨蒙蒙，使山石林木、小桥流水若隐若现，别具一番朦胧美或意境美。然而，雨景作为一种美景，离不开季节的配合，春雨最令人神往，江南的春雨更为迷人。雨景还需地形的配合，在一些地形起伏较大的山区，雨景的朦胧美更是多姿多态。

雨景常常给文人墨客以创作灵感。欣赏雨景，首先是欣赏雨给整个风景带来的整一的朦胧美，使人联想到“犹抱琵琶半遮面”的名句。其次赏雨景，其色彩的单纯也常常使游赏者为之动容。雨幕笼罩下的山水风光，往往会失却其本来的色彩，而现出几种极其素净淡雅的单色，好像是传统绘画中的水墨画，完全靠墨色的浓淡、深浅、层次来表现景物的美。赏雨听声又是雨景的一大趣味。江南园林中，利用雨点敲打植物叶片（主要是芭蕉、荷叶等大叶植物）而发出轻重、快慢、缓急的声音之景非常之多，甚至在竹楼、竹亭这样的建筑之内，聆听屋面上多变的雨声也不失为一景。

2. 云雾景

山区云蒸雾聚，变幻翻腾，历来就是极具吸引力的胜景，所谓“山无云则不秀”。云雾景常给人一种身处神仙境地、飘飘欲仙的美妙感受，在山地最为常见，主要是由多变的山地气候造成的。

气温下降时，空气中所含的水蒸气凝结成小水点，形成云雾。云雾瞬息万变，尤其在山间，忽而如海洋一片，忽而像大地铺絮，忽而似山谷堆雪，映衬得山峰更加峻峭，树林更加清秀。峰峦在云中时隐时现，能使游人产生“山在虚无缥缈间”的意境，风吹云动山似动，又能使游人享受静中有动的美景。云雾结合山地的地形地貌情况，具有提升旅游资源价值的作用。我国有许多著名胜景都与云雾有关。

3. 冰雪景

雪景配合其他的自然景观可构成奇异的冰雪风光。雪是纯洁的象征，雪景常把人间装扮成一个纯真无私的世界。自古以来，冰雪景一直是人们乐此不疲的旅游活动内容。冰雪作为旅游观赏内容，很受游客的喜爱。在我国，许多冬季下雪的地区都有一些著名的雪景。除了作为观赏旅游对象外，冰雪本身还可开发成各种体验、度假、休闲性质的景观，常用于发展冰雪体育运动和冰灯、冰雕节庆旅游活动。

【案例】

华蓥山四季滑雪场

华蓥山四季滑雪场是目前国内规模最大，也是国内唯一的高山户外滑雪场，具有环保、低能、无污染、健康、新概念、受欢迎度高的特点。于2012

年 9 月投资千万余元巨资打造，占地 5 000 平方米，雪道长 220 米，宽 20 米，坡度为 18 ~ 20 度。

华蓥山四季滑雪场为旱地滑雪类。旱地滑雪 20 世纪起源于欧美，是英国非常普及的一项户外运动。滑雪场严格按照国家标准和中国人体质特点设计雪道，依山而建。雪毯是由若干个最小旱雪网毯单元组成的，主要材料为改性高性能工程塑料和合金铝板。设计的摩擦指数与真雪一致，以营造真实的滑雪体验效果，在形成结构、摩擦系数、安全防护和滑雪仿真效果都有很好的表现。

现在主要经营华蓥山四季滑雪场滑圈项目，这个项目的特点是老少皆宜，具有很强的大众娱乐性。

4. 霞　景

霞是日月斜射光，经空气色散使云层呈现红橙黄等彩色，多出现在日出或日落时，常与山地水气、云雾相伴随，主要形式有朝霞、晚霞、彩霞、雾霞等。这种景致瞬息万变，五彩缤纷，对游人有较大的吸引力。

5. 日月景

日月景从本质上说属于天文旅游资源的一种，但由于日月景的观赏与气候、气象、季节、地理环境有密切的关系，且其景观与其他天文旅游资源相比，规律性很强，周期很短，观赏手段十分简单，因此在气象旅游资源中描述得更为恰当。

日月景包括旭日、夕阳、满月和残月。游人到高山、海滨旅游，都希望能看到日出和日落的景色。月到中秋分外明，满月象征着圆满美好，是人人都喜爱的景色。此外，日月景常常与霞景相伴而生，后者的映衬使日出、日落景致更为丰富多彩。

6. 幻　景

佛光与蜃景，因其形成机理及成像性质的相似性，我们可以通称为幻景。两者均由大气分子或其中的水汽分子对太阳光线的折射或反射作用而形成。所形成的景观均为虚像，虚无飘缈，给人一种神秘怪异的感受，但两者出现的区域有很大差别。佛光，是山岳顶峰出现的一种特殊的光学现象。蜃景则常见于海湾、沙漠、江河及湖泊的上空，有时在山顶可以见到。

7. 极光景

极光景指高纬度地区高空出现的一种辉煌瑰丽的彩色光像，一般呈带状、弧状、幕状或放射状等，明亮时多为黄绿色，微弱时一般为白色，有时带红、蓝、灰、紫色，或兼而有之。它是由太阳发出的高速带电粒子使高层空气分子或原子激发而致的发光现象。这些带电微粒因受地球磁场作用折向南北两极附近，分别形成“北极光”和“南极光”，北极光出现在距地球磁极 22～27 度的地带，大体上是通过阿拉斯加北部、加拿大北部、冰岛南部、挪威北部、新地岛南部和新西伯利亚群岛南部的一个环状地带，每年有 2/3 的天数（245 天）可以看到极光，成为该地区吸引游客的主要自然景观之一。

8. 其他气象旅游资源

除上述气象旅游资源外，我国还有一些在特定区域条件下才能出现的气象旅游资源，如雾凇景、雨凇景和“下关风”等旅游资源。

【学法指导】

通过本节对气象、气候旅游资源的学习，收集全国各地的著名雨景、云雾景、冰雪景、霞景、日月景、幻景、极光景的资料，并试着介绍。

七、课后作业

通过参考教师教学课件，从教学课程资源库中及互联网上查找资料，学生分组制作气象、气候旅游资源 PPT，撰写不低于 350 字的讲解词，要求各小组的选择不一样，最终涵盖各类气象、气候旅游资源，要求人人讲解过关。

任务三　介绍广安水体水景旅游资源

一、任务准备

（一）任务目标

（1）了解广安主要水体水景旅游资源的基本特征、旅游价值与分布状况，培养这类水体水景旅游资源信息的采集能力和识别能力。

（2）具有水体水景旅游资源旅游价值分析及评价能力。

（3）培养讲解词的撰写能力（从表象感知、知识认知、理念感悟等方面着手。

（4）具有自主学习的能力，即景导游能力；收集信息、查阅资料能力；根据已有知识进行重构和创新的能力；较强的逻辑思维能力。

（二）任务场景

安辑所带领的游客游览了华蓥山景区，下一站准备游览天池湖。如果你是安辑，将怎样准备、介绍和讲解呢？如果接的是大学生团、小学生团，又该如何介绍？在游览了天池湖后，有游客要求安辑介绍更多的水体水景旅游资源，你认为他该介绍些什么呢？

二、任务分析

要介绍广安的水体水景旅游资源，先要明确这类水域风光旅游资源的类型，再采录相关信息并进行整理分析，编写导游词。在收集的时候要明确收集类别，可采用分组的方式。

三、任务分派

将全班分组，每组5～8人（建议尽可能地以寝室为单位进行分组）。一般情况下，寝室室长即为该组组长，负责任务分派，检查完成任务情况。组长负责组织讨论与修改，组织小组试讲，记录小组成员及小组任务完成时间和完成情况。负责在完成任务过程中困难与问题的收集并与老师沟通。

任务分配见表4.7。

表 4.7　任务分配表

第　　小组

姓　名		任务内容	完成时间	完成情况
个人信息采录				
小组整理				
推荐讲解				

（一）个人任务

按分派的采集方式采集广安水体水景旅游资源，并进行初步整理。

（二）小组任务

分类整理所采集的信息，写出介绍词并修改，推选人员进行介绍。

四、任务实施

（一）信息采集

现场采集信息：

（1）准备笔、记录本、相机等。

（2）拟定采集方案：采集信息内容提纲、采集时间、采集场所、采集方式、采集的对象。

（3）按一定的顺序（如区县、类型）进行现场采集。

从纸质或电子资料中搜集信息：要求学生从网上或者资料上搜集信息，从而对广安地貌旅游资源有一定的了解。（见表 4.8）

表 4.8　广安水体水景自然资源信息采集表

景区名称	所在区县	类　型	特　点	特　色

（二）信息整理

将全班分组，每组 5～8 人，建议尽可能地以寝室为单位进行分组，每组任

命组长。小组集体讨论调查内容，指定一人整理信息，形成介绍材料。（见表 4.9）

表 4.9

项　目	姓　名	时间、地点	内容或情况记录
信息初步整理			
讲解词修改			
小组内试讲			

五、任务总结

（1）采集信息要围绕一定中心或主题展开（如不同类型的水体水景旅游资源的形成，吸引游客的原因及它的旅游功能和价值）。

（2）采集方式可以是参观考察、询问。

（3）由任课教师再从广安水体水景旅游资源类型、区别、特征等各方面对各小组调研报告及实施方案进行总体讲评。

六、知识总结

本任务侧重于对广安自然旅游资源中水体水景旅游资源的采录，知道了水域旅游资源丰富多样，包括江河、湖泊、泉、瀑布、海洋等风光。了解了它们的类型及旅游价值及各自独特的审美、娱乐、健身、探险等丰富的文化内涵。广安水体水景旅游资源主要有太极湖、翠湖、天池湖、天意谷等。

（一）概　述

水体水景是大自然风景的重要组成部分，是构景的基本元素，是“灵气”之所在。各种形态的水体在地质地貌、气候、生物及人类活动等因素的配合下，形成不同类型的水体景观。凡能吸引旅游者进行旅游活动，并能产生经济效益、社会效益和生态效益的水体现象都可以称为水体水景旅游资源。

（二）基本类型

1. 河　段

河段指水量充盈、环境优美的天然河流段落，包括风景河段和漂流河段。

2. 瀑　布

瀑布指从陡坡或悬崖处倾泻下来的水流。瀑布的生成与岩石性质、地质构造及冰川作用等有密切关系，一般可分为岩溶性瀑布、构造岩层型瀑布、火山熔岩瀑布、山崩泥石流型瀑布、冰川型瀑布等。

3. 湖　泊

湖泊指四周有岸的水域，包括天然湖泊、水库、沼塘等。湖泊有多种分类方法：按湖盆的成因可划分为构造湖、堰塞湖、溶蚀湖、冰川湖、风蚀湖、人工湖；按湖水补给条件可划分为闭流湖、吞吐湖；按湖水温度可划分为冷湖、温湖、暖湖；按湖水矿化度可划分为淡水湖、咸水湖、盐湖。

4. 泉

泉指地下水的天然露头，只有在适宜的地形、地质、水文等条件下才会出现。按此条件，可划分为接触泉、裂隙泉、断层泉和溶洞泉；按泉水温度，可划分为冷泉、温泉、热泉、沸泉；按泉水出露地表的性质，可划分为上升泉和下降泉；按泉水性质、溢出特征和奇异形态，还可划分为间歇泉、甘泉、苦泉、气泉、矿泉、喷泉、乳泉、喊泉等。

（三）水体与旅游的关系

水是自然界中最活跃的元素之一，“山无水不活，水无山不媚，因山而峻，因水而秀”。这充分体现了水的魅力之处。

（1）水体是最宝贵的旅游资源之一。任何风景名胜都离不开水，所谓：“有水无山单调，有山无水枯燥，有山有水奇妙。”

（2）水体是各类景区的重要构景要素。古人有“名园依绿水”之说，突出了水体在构景中的地位和作用。古往今来，无论是皇家名苑，还是私家园林，都采取“引水注入”“引泉凿池”的方法，以水景为中心进行布局。

（3）水体是最富普遍吸引力的康乐型、参与性的资源。亲水是中国永恒的主题，水体旅游资源即可观赏，又可体验，颇有优势。人类本能喜爱水、接近水，而且玩水比观水更有情趣。游客喜欢的游泳、划船、冲浪、漂流、潜水、垂钓等活动项目，都是不同形式的玩水，是一种充满刺激和愉悦的享受。

（四）水体水景旅游吸引因素

水体水景旅游资源的开发价值，主要取决于吸引功能。其主要旅游吸引因素有水形、水声、水态、水色、水味、水影、奇特七方面。此外，水面和水量大小及水温的高低也有一定的影响。

1. 水形、水态——形象美

每一种水体都有一定的形态风韵，有的以静为主、有的以动为主，大多动静结合，从而创造出不同的意境。水的形象美是一种动态的美，而且是一种有规律的动态美，既不像地质地貌旅游资源那样一成不变，也不像许多气象景色那样变幻莫测。

2. 水声——声音美

水体在受到外力冲击或流动时会发出多种声音，这些不同的声音往往会给旅游者以听觉上的享受。水声是多数水景构景要素的一部分，有些水景正是以其独特的水声取胜。

3. 水色——色彩美

纯净的水体本是无色透明的液体，但大自然的水体或多或少地含有各种各样的悬浮物和溶解物，加上光线在水中的选择吸收与散射的合并作用而呈现出不同的颜色，构成了水的色彩。如九寨沟的五彩池、五花海和火花海等呈现多种色彩。

4. 水味——味道美

水体为无味的液体，但有些水体却给人以味觉美、嗅觉美，因此这些水体也带有浓郁的神秘色彩，吸引众多的游客前来探秘和旅游。

5. 水影——影像美

水体不仅有自身的形象美，而且能够映出其他景物的影像，这是水体独特的造景功能。特别是对于静态的面积较大的水域而言，这种功能显得尤为突出和重要。影像美一方面与水体的面积、形状和水质有关，另一方面还受实物的位置、高度和形状的影响。

6. 奇特美

有的水体具有奇特的现象：如安徽寿县的“喊泉”，四川广元的“含羞泉”，台湾省台南县有“水火泉”，河北的涞水、四川的城口、湖南的石门等地的“鱼泉”，富含微量元素的矿泉水，具有可饮、可浴、可医、可赏的作用。

（五）风景水体旅游资源的旅游功能

1. 审美功能

水体以它独有的形、声、色、影、态变化的多样性展示着它特有的美感，成为旅游中重要的审美对象。

（1）水的壮阔之美。瀑布都以雄壮著称，当瀑布直下水流撞击崖壁、深潭时，水雾弥漫，声震四野，似雷鸣、似万马奔腾，惊心动魄。

（2）水的秀丽之美。清澈的溪流、水山相映的湖泊、舒缓的江面，都会给人清丽柔和的美感，使游人感到轻松活泼，静雅舒适。

（3）水的奇特之美。水的奇特之美，缘自其形、色、声等方面的变化。

2. 康乐功能

温泉、矿泉具有疗疾健身功能，江河、湖泊、海滨都具有丰富多彩的娱乐健身功能。如海滨可以开展水浴、驶船、帆板、冲浪、潜水、观景等体育运动和娱乐活动，江河湖泊可以开展游泳、垂钓、滑水、水球、赏荷采莲等活动。

借助于水体资源，人们可以开展丰富多彩的娱乐活动。游泳、垂钓、潜水、荡船、冲浪、漂流、滑水、海水浴等活动，都要借助于清澈的河水、碧波荡漾的湖泊、水质良好的海域和风光优美的海滨。

温泉、矿泉、海水、湖泊等均具有疗养功能。这些水体中含有多种微量元素及其他化学成分，有一定的矿化度，通过对人体的药理和化学生物作用，而具有治病健身的功效。明代医药学家李时珍，在他的医药名著《本草纲目》一书中，对温泉的性质和疗效记载甚详："温泉主治风湿、筋骨挛缩及肌皮顽痹、手足不遂、无眉发、疥、癣诸疾。"古籍中描述温泉的则更多，可见温泉对人体的益处早为古人所重视。

3. 品茗功能

名茶必须用好水。水质清醇的泉水既可供品茗，也可供酿造。我国的许多名酒佳酿使用的都是优质的水体，旅游区利用优质泉水和名茶、名酒，能够更好地吸引游客。

（六）主要风景水体旅游资源

1. 江河景观旅游资源

我国风景优美的河流众多。河流不仅可用于灌溉、航运和舟楫，而且有些河流自身就是景观，或与其他景观相结合构成了重要的河段景观旅游资源。江河都以其形、声、色、质以及河岸景色，强烈地吸引着众多的旅游者前去游览参观。

嘉陵江太极湖

嘉陵江东西关的两个大河湾连环紧扣，形若天然太极图，故称"太极湖"。

一湾流长 22 公里，为阳鱼，二湾流长 18 公里，为阴鱼。东西关水电站建成提河闸坝水位上升至 24.5 米，拦江为湖。湖水碧蓝，山水相映。波光粼遴，天宽地阔。湖岩有凤凰抱蛋、岩墓群、猴子石、西关寨、桃竹寺、汉王墓、书岩、龙泉洞、仙人洞、汉初县城遗址、唐窑遗址、狮子山、东关寨、石捶打石鼓等景色与“沙燕啼春”“十里松林”“太极秀色”等自然风光融为一体，奇山异水，天下独伦。著名作家杨益言游罢“太极湖”评论道：“这样大的太极图地貌天下无双，在世界在中国都是独有的，独有就是特色，这是武胜开发不尽的旅游资源，也是武胜人民的宝贵财富。”著名诗人梁上泉说“天生太极天下奇观，太极湖水美，美就美的无污染，是流水，流水不腐，此滇池好，比我看过的湖都美”，并乘兴即席赋诗“天生太极东西关，一览三图互入环。天下奇观若此，阴阳鱼跃碧波翻”。

太极文化是中华民族传统文化的重要组成部分，嘉陵江文化中也包含丰富的太极文化。蜿蜒曲折的嘉陵江流经武胜县 117 公里，曲流非常发育，素有“千里嘉陵，武胜最长；武胜嘉陵，曲流回肠”之美誉，太极湖两岸风光秀丽，自然与人文景观相互重叠，可以说天下无双。相比于观光旅游，与世界卫生组织倡导的“21 世纪家庭社会健康医学模式紧密对应的休闲养生康体旅游”，目前已成为 21 世纪旅游业的国际大趋势。博大精深的太极养生是太极文化的精髓之一，也是现代人追求的健康生活方式。

2. 湖泊景观旅游资源

湖泊是由地面上的洼地积水而形成的比较宽广的水域。湖泊按成因可分为构造湖、火山口湖、冰川湖、堰塞湖、喀斯特湖、河成湖、风成湖、海成湖和人工湖（水库）等。按泄水情况可分为外流湖和内陆湖；按湖水含盐度可分为淡水湖、咸水湖和盐湖。湖水的来源是降水、地面径流、地下水，有的则来自冰雪融水。湖水的消耗主要是蒸发、渗漏、排泄和开发利用。

天池湖

天池是川东北地区面积最大、海拔最高的高山岩溶湖泊，它与长白山天池、天山天池并称为全国三大天池。与它们相比，华蓥山天池面积最大，湖面面积达 3 800 余亩。广安旧县志里说，宋朝时华蓥山下暴雨，冲下山上的树木，塞于洞遂成天池。后来勘察、科考证明，华蓥山在侏罗纪后期（大约 1.41 亿年前）从四川盆地隆起，后经白垩系晚期（大约 0.25 亿年前）的喜马拉雅运动，才变成这样的，并由此形成天池。而在民间，关于华蓥山天池的诞生，还有一个美丽的传说。相传很久很久以前，玉皇大帝的三女儿在天庭上梳妆打扮，凭栏俯瞰华蓥山的美景秀色，如痴如醉之时，一不小心将窗前的玉镜跌落在了华蓥山，上天仙子的宝镜沾上了华蓥山的灵气之后，顷刻间便化作了水平如镜的天池湖。从此，便有了这处人间瑶池。

天池湖常年蓄水水位为 483 米，蓄水量 6 300 万立方米。湖内有三个半岛、两个湖心岛。正对面的岛屿面积约 300 亩，形似月亮，这就是非常有名的月亮岛。1918 年，四川保路同志会会长蒲殿俊在《辟治广安天池议》中写道：此地四面重山，山中一池，池中一岛，岛上树林葱茏，冬日观积雪，胜过西湖优美，可与瑶池增辉。他首先发起并用 2 000 大洋购地并亲自规划设计，同时在广安、大竹、南充、垫江等地募捐，筹集银元 1 400 多元，粮食数十石，树木数千根，开发建设天池。后来他离开了家乡，直到 1920 年初冬，才动工修建，至 1922 年年底，基本完工。在公园内培植了大量珍贵花木，建成梅林、松岗、桂园、柳堤等胜景。四川翰林、著名诗人、书法家赵熙亲笔题写了“天池公园”园名和“天池传侠笔，文苑鲁诸生”的千古楹联。著名国画大师黄宾虹在天池公园落成不久，慕名从千里之遥的上海专程来到天池，在此写生达半年之久，留下了“湖光山色惹人迷，国画大师醉天池”的动人故事。当时上海《良友》杂志辟专版介绍：痴生慕名天池游，旖旎风光醉心

头；粼粼波光映蓝天，曲曲堤岸托杨柳；莲姑渔翁乘风归，扁舟小岛聚波头；夕阳染红瑶池水，众山入怀化吴钩。二十世纪三四十年代，四川军阀杨森曾常住天池公园，并对公园进行扩建。1961 年前后，彭德怀、杨成武、李井泉、赵紫阳、杨汝岱等党和国家领导人先后到此视察，非常关心天池湖的建设。根据总体规划，天池风景区将集休闲、娱乐、观光、度假功能于一体，建成七里坪旅游小区，温泉度假区、月亮岛休闲度假区、高尔夫球场、水上娱乐中心等。届时，建成后的天池将成为川东北地区一颗灿烂夺目的明珠，向世人展示无穷的魅力。

翠　湖

翠湖，原名响水滩水库，1959 年开始动工兴建，次年 8 月大坝建成蓄水，蓄水量近 170 万平方米。后来，县委、县府充分利用自然条件，1983 年将水库兴建为旅游风景区，命名翠湖。“翠湖”二字由著名书法家李半黎书写。

关于响水滩的来历，在当地有一个传说：有一力大艺精的石匠周世劲，见田地久旱，决心闯龙宫为民求雨。他找了七七四十九天后，身子累坏了，这时落入一个洞中，最后闯过九九八十一道难关来到龙宫，龙王被其精神所感动，送他一只金铃，什么时候要雨只要将金铃摇动即可，从此人们过上安居乐业的生活。他死后，人们在他坟前安了一个石盒子，把金铃放在石盒中。后来因一个自私的人私自取雨惹怒龙王，龙王又收回金铃，但在放铃的下面又涌出一股溪流，流水经过石滩时发出轰鸣的响声，人们就把这个滩取名为“响水滩”。

大坝的衔右侧，是大书发家赵蕴玉写的“望湖楼”，望湖楼共有三层，层层皆可看风景，举目眺望，四周山峦重叠，所有景色尽收眼底，楼下大坝，白色的栏杆整齐排列在大坝两侧，如同镶嵌在石坝上的玉带，望湖楼有诗可证：玉带横锁千山水，琼楼纵托九霄霞。

3. 瀑布景观旅游资源

瀑布是河床落差造成的跌水，即为从河床纵断面中的陡坡或悬崖处河水倾泻下来的流水。凡多层、多级的瀑布，观赏价值较高。若高度、宽度、水量都比较大，瀑布的观赏价值就更高。

广安城区有两个瀑布，一是位于城南西溪峡谷的西溪峡瀑布，宽约 40 米、高约 20 米，为城市中心城区罕见的自然瀑布；二是位于协兴园区的万春桥瀑布，宽达 100 余米、高 25 米，为广安最大瀑布。每当大雨后，驻足远望，水流激荡，气势磅礴，声震山谷，雾气弥漫……

莲花桥瀑布

莲花桥瀑布，位于广安市人民医院旁，乃西溪奇景之一。瀑高约二十米，宽约百米。其水源自西溪河上游的全民水库。每逢暴雨来临，全民水库开闸放水，水流经西溪河之万春桥、五福桥、致中桥，逶迤蜿蜒数十里奔腾而来，遇此陡岩绝壁，径直跌落，成一浩大城中飞瀑。夏季多雨，其势更为壮观。人若身处谷中，仰望飞瀑似银河从天而降；落地即成激流，又如万马奔腾，势不可挡；雷鸣之声震人耳膜，闻者不禁胆战心惊。人立河岸，只见惊涛拍岸，浪花飞溅，水雾迷蒙，氤氲蒸腾。遇有阳光，更有彩虹飞架，五彩斑斓，如梦如幻，令观者抚掌叫绝，叹为观止。主瀑两侧，有细瀑若干，悬挂岩壁，似玉带飘游于树枝之间，与主瀑相比，极显柔弱。余观之突发联想，设若主瀑为浩大之交响乐，则这小瀑就如乐中之短笛；若把主瀑比为文学中之巨制长篇，这小瀑则如抒情小诗一首，让人于宏大之外更愿细细体味把玩。水流跌落峡谷之底，遂盘桓于谷中北向而去，经母猪塘，过平桥，激荡于峡谷之间，成东去渠江之小支流，于平滩口汇入。

瀑布两边为约百米或更高的绝壁，危石耸峙，绵延不断。树木丛生，藤萝密布，飞鸟嬉戏其间，虫鸣之声不断。有农家沿崎岖山路遍插豇豆、四季豆，又栽丝瓜、南瓜，一派郁郁葱葱，吾至时朵朵黄花开放正艳。临水则多种芋头，硕大的绿叶彼此相连，风过处，犹碧波荡漾，各种野花点缀其间，似繁星铺地，十分怡神养眼。余摄影良久，下坎上坡稍觉疲惫，正欲树荫下小坐片刻，恰遇一老农在瀑边采摘豇豆，笑谈之中随意为老人留下照片若干，虽光线不佳，但也意趣盎然。

西溪河贯市区而过，近年随城区扩张，瀑布位置也由原先的郊区渐近市区中心地带，于是城中之瀑便成一道罕见独特的城市景观，非它处可比也。回想余数年前曾就广安城市规划多次于市政协会、于《金广安》杂志大声呼吁有关方面打造西溪峡谷，充分利用城市瀑布这一难得景观，开发旅游资源。意见一出，颇得响应，渐获认可，并纳入城市建设规划，名曰“西溪峡谷公园”，闻之甚为欣慰。城中若有此峡谷公园，特别有此独特飞瀑，吾市旅游价值可望大增矣！

华蓥山天意谷瀑布

华蓥山天意谷的洞中天河为世界罕见的洞中瀑布，堪称亚洲第一。“天然石佛”是由亿年滴水形成的天然石佛，为世界之最，川东渝北首选避暑休闲胜地。天意谷国家级地质公园是聚华蓥山千峰万流之水于一流，与喀斯特地貌的断裂层相遇后形成的地质景观。整个峡谷蜿蜒曲折，陡峭幽深，飞瀑、溶洞、茂林、修竹和各种奇形怪异的岩石，多姿多态的山峰构成了大峡谷美不胜收的壮丽奇观，在仅数公里的谷内就有无数的奇观溶洞和瀑布群。

飞瀑迎宾

正对景区大门处有一天然飞瀑，高宽数十米，奔泻而下，卷起雪花万朵，烟雾弥漫数十米，犹如仙女轻纱拂面，颇具神话色彩，仿佛起舞的巴山神女，迎接四海宾朋，故名“飞瀑迎宾”。

赤龙瀑布

由于地壳运动，原本平行横卧的丹霞岩层突然纵立，形成一道高约百米的红岩峡谷。每逢暴雨季节，山洪奔腾，犹如红色巨龙甸然而下，故名“赤龙瀑布”。

老龙潭瀑布

因华蓥山山泉丰沛，瀑布水帘常年垂挂，水遇深洞，形成一潭，深不可测。潭壁有洞，通达远处，洞中时有鸣响，似游龙低吟，因而得名“老龙潭”。此为洞中天河景区瀑布群代表景观之一。

洞中天河

洞中大瀑布全长800余米。有上、中、下共三叠，此为洞中一段，是举世罕见的洞中大瀑布。山泉从洞顶轰然而下，似天河落入洞中，让人惊心动魄。若遇雨季，天河之水飞流直下，有万马奔腾之势，被誉为“亚洲第一洞中天河”。有诗曰：“盘古开出洞中观，佛祖甘当护门神。本是龙王禁地处，轰然天开银河倾。”天意谷洞中天河是华蓥山千峰万壑中的一条4 000米的河谷，其中被称为“三天神灵”集天母、天佛、天河一体的“三天洞”，它酷似天母像，洞口有一天然巨佛，洞底一道天河从天而降。

4. 泉景观旅游资源

泉是地下水天然出露至地表的地点，或者地下含水层露出地表的地点。根据水流状况的不同，可以分为间歇泉和常流泉。如果地下水露出地表后没有形成明显水流，则称为渗水。根据水流温度，泉可以分为温泉和冷泉。

【知识拓展】

趵突泉

趵突泉位于济南市中心区趵突泉南路和泺源大街中段，南靠千佛山，东临泉城广场，北望大明湖，五龙潭，面积158亩，是以泉为主的5A级特色园林，国家首批重点公园。该泉位居济南七十二名泉之首，被誉为“天下第一泉”，也是最早见于古代文献的济南名泉。趵突泉是泉城济南的象征与标志，与济南千佛山、大明湖并称为“济南三大名胜”。

七、课后作业

概要介绍一下广安的水景旅游资源，并选一处你最感兴趣的景区或景点，搜集资料，撰写讲解词，并试着讲解。

任务四　介绍广安生物景观旅游资源

一、任务准备

（一）任务目标

（1）掌握广安生物景观旅游资源的主要类别与代表性景区景点。

（2）了解广安主要生物景观旅游资源的基本特征、旅游价值与分布状况，培养生物景观旅游资源信息的采集能力；具有生物景观旅游资源类别的识别能力；具有生物景观旅游资源旅游价值分析及评价能力。

（3）培养讲解词的撰写能力（从表象感知、知识认知、理念感悟等方面着手）。

（4）具有自主学习的能力，即景导游能力；收集信息、查阅资料能力；根据已有知识进行重构和创新的能力；较强的逻辑思维能力。

（二）任务场景

安辑所带领的青少年团游览了华蓥山景区，第二天准备去天意谷景区，他打算亲自给游客讲解。如果你是安辑，将怎样准备、介绍和讲解呢？如果接的是大学生团、小学生团，又该如何介绍？在游览了邓小平故里后，游客要求安辑推荐介绍更多的广安人文旅游资源，你认为他该介绍些什么呢？

二、任务分析

要介绍广安的生物景观旅游资源，除具备必要的基本素质外，还要有一篇好的介绍词。写好介绍词的前提是采集天意谷景区主要的生物景观资源的信息，并进行整理分析。广安其他生物景观旅游资源分布在广安五个县，在收集的时候要明确收集类别，可采用分组的方式。

三、任务分派

学生每 5 人成立一个小组（可根据班级情况进行调整，小组人数一般不宜过多），选取一名成员作为小组组长（可自荐或由小组成员推荐），各小组成员各自接受任务并展开调研。

（一）个人任务

分组调研，完成表 4.10。

表 4.10

旅游景区名称	类　型	地理位置	生物种类	特　点	备　注

（二）小组任务：课上讨论

（1）小组成员调查广安自然旅游资源的生物景观旅游资源。

（2）小组成员根据收集信息对生物景观旅游资源进行分类。

（3）小组成员对青少年团游客群体的特征进行介绍并进行侧重点分析。

（4）形成成果报告（手写或打印）。

四、任务实施

1. 个人实施

通过现场考察、网络收集、查阅书籍等方法收集广安自然旅游资源中生物景观旅游资源相关信息，完成表格。

2. 小组实施

小组通过讨论确定青少年团生物景观介绍点的安排方案。

五、任务总结

由任课教师从广安自然旅游资源类型、区别特征等方面对各小组调研报告及实施方案进行总体评价。

六、知识总结：广安生态旅游资源

生物是地球表面有生命物体的总称，按其性质可分为动物、植物和微生物。在漫长的生物进化过程中，地球表面的生物衍生出了极其丰富的类群和形态。据统计，现今被发现、记载并定名的生物体约有 200 万种，这使自然界呈现出多姿多彩的景象。作为旅游资源的生物景观，主要是指由动植物及其相关生存环境所构成的各种过程和现象。生物是自然生态系统的主体，也是地球表面自然景观的标志物或指示物，生物景观成为人类旅游活动的主要对象之一。生物景观以其复杂的形态和由其自身生命节律所表现出的变化性构成了旅游景观的实体，是自然旅游资源中最具特色的类型。生物景观除了具有观赏价值，还可供人们进行科研、医疗健身、环境美化等多种活动。生物景观与生物多样性保护、生态环境建设密切相关，因此它是生态旅游、专题旅游的主要对象，也成为今后一定时期内旅游开发的热点。

（一）广安市森林植被概况

广安市市域内的森林植被在“大跃进”时期和“文化大革命”时期，遭到严重破坏。天然原生林几乎全部被破坏，1978 年后，人工林逐渐成林，植被分布状况发生较大改变，平坝、丘陵地区的原有树木已砍伐殆尽，大片土地成为农业用地、果林、防护林。平坝丘陵地区散生树木较多，主要树种有泡桐、桉树、杨树、柏木等，村庄周围多种有慈竹；东部中低山地区植被良好，森林茂密，种类多样。这里地带性植被是亚热带绿阔叶林，其原生植被遭破坏后，逐渐演变为针叶林、针阔叶林，形成现今的若干植物群落。

（1）亚热带针叶林：分布在海拔 550 米至 1 000 米的低山区，以马尾松、杉木、柏木为主。这是华蓥山地区面积最大，分布最广泛的植被类型。

（2）常绿阔叶林：植物种类多样，多为复层林，林相复杂。现以蓝桉、大叶桉、胡橙、橘柑、柚、葱竹、芦竹为主。

（3）落叶阔叶林：呈块状分布于石灰岩山地，主要树种有麻栎、槲栎、泡树、鹅耳枥等。

（4）针阔叶混交林：部分上层林木马尾松、杉木被采伐后，林内光照增强。以丝栗、桦木、野樱桃为主的阔叶树种随之繁生，形成针阔叶混交林。

（5）竹林：以白夹竹为主，成片分布于华蓥山中上部石灰岩山地，从瓦窑沟向南延伸至高登山，长 22 千米；宽 2 千米至 3 千米，形成白夹竹纯林。

（6）灌丛：广泛生长在陡崖上，形成带状分布，现存多为次生灌丛，主要树种有山茶、杏、姜子、水红树、牛筋条、柃木、白栎、小果蔷薇等。

（7）草丛：主要分布于华蓥山中上部，种类多样的草本植物密布于坡地。

广安自然旅游资源中，生物景观旅游资源主要是华蓥山、黄花梨度假村、金城山森林公园。

（二）野生动物栖息地

区内野生动物主要保存在华蓥山区，有脊椎动物 400 多种，国家保护野生动物 30 多种。实际上，大型野生动物已不复存在，能为旅游增加吸引力的主要是小型兽类、鸟类和两栖动物，如穿山甲、花脸猫、鸳鸯、白鹭、红腹锦鸡、华蓥鹞、猫头鹰、啄木鸟、红隼、阳雀、相思鸟、太阳鸟等。

（三）珍稀动植物

全市主要的珍贵植物有：生物活化石——桫椤、银杏、三尖杉、红豆杉、润楠。广安市还有一处省级自然保护区：邻水县倒须沟桫椤林自然保护区。野生动物品种繁多，有属国家二级保护的红腹锦鸡、红隼、鸢、雕鸮、小灵猫、水獭等，还有属省重点保护豹、猫、赤狐、红腹凤头鹃、鹰鹃等；华蓥山区及沟谷地带还可见到蝴蝶、螃蟹、鲵鱼、松鼠等观赏动物出没。

（四）典型生物旅游资源

黄花梨度假村

全国农业旅游示范点 赏花品果好去处

位于华蓥市禄市镇的黄花梨度假村，由华蓥山黄花梨有限公司开发建设，已建成集生产、科研、休闲、旅游为一体的大型生态观光农业企业，列为“国家级农业科技园区梨业园”。多次成功举办黄花梨“品果节”和首届“华蓥山梨花节”。华蓥山黄花梨有限公司的“公司+农户”“返包倒租”开发模式得到了省委、省政府及各级党政领导的充分肯定，被誉为“四川特色的农业产业化的一面旗帜”。

黄花梨度假村主要分为梨业园、桃花园、荷花池和水产养殖区、植物园、服务中心五个功能片区。度假村前是100亩的荷花池和水产养殖区。夏天，碧绿的荷叶映衬着鲜艳的荷花，在阳光下微微颤动，婀娜多姿。荷叶下面，成群结队的鱼儿欢快游玩，生机盎然。这里既可让人享受“闲来垂钓坐溪上”的悠然，又可领略“映日荷花别样红”的诗情画意。梨业园面积2万亩，由南至北纵跨广安区、华蓥市的四个乡镇，是目前四川省最大的梨业生产示范带。园区种植的主要有黄花梨、黄金梨、山下红蜜橘、枇杷、油桃、板栗、龙安柚等10多个品种，其中，黄花梨曾被选送入中南海，其香甜的口感一直受到中央领导的好评。桃花园面积30多亩，有一万多株十几个品种的油桃树，春天桃花盛开的时候，满山嫣红，满园芬芳。植物园面积20多亩，这里是果苗接穗和绿化树、盆景、花卉的栽培基地。在植物园的右前方，还有500余亩的花木基地。休闲度假区建筑面积1万平方米，可为游客提供生态观光、休闲度假等多项旅游服务。

金城山森林公园

植物王国 山色清幽

位于岳池县北部与南充、蓬安交界的金城山，山色清幽，风景独具。有诗赞曰："巍然屹立金城山，苍松翠柏竞参天。清雅幽静迷人醉，疑似仙境非尘凡。"

金城山海拔 824.6 米，是岳池县的最高点。驱车上山，首先映入眼帘的是张爱萍将军所题的"金城山森林公园"园门大字。抬头仰望，巍巍铁塔矗立山顶。前行百米，小西天栩栩如生的佛像，使人顿感神奇。沿石径逐级而上，攀登数百步，便到南京门。传说此门及寨堡为明末农民起义领袖张献忠所建。再往上就是广福门，相传内藏金粟万石，有金马拉磨，侧耳细听可闻霍霍磨粮声，因此金城山又名金粟山。复北行，神仙峰下的神仙洞仙气四溢，仙家的悠闲与乐趣，让人回味无穷。传说东晋道学家葛洪曾在洞中炼丹修道，著有《抱朴子》等经书，并常将经书搬到洞顶石上翻晒，晒经石因此而得名。巨石十分高险，登上石顶，大有"会当凌绝顶，一览众山小"之感。低头可见脚下沟壑幽深，雾气缭绕，顿然生畏。过林场，穿竹海，就到宝莲寺，寺庙始建于唐，历经兵祸，清朝重建。庙宇前、中、后三殿成梯形，落落大方的穿逗房架支撑着重檐歇山式屋顶，殿堂古雅别致。"宝莲晨钟响三县，三县鸡鸣应金城。"钟声、烛光、香气，有令人超凡脱俗之感。出寺沿山腰东行，有卧佛岩、土主洞、白云岩、抓龙洞、打子台等特色各具的景点。如若错过，将成憾事，尤其是打子台将会使人兴味大增。有联说得好："昔日打子祈神佑，今朝投石寻雅趣。"哈哈一笑，疲劳顿消。

金城山堪称植物王国，有森林三千余亩，林间树木，郁郁葱葱。林场场部附近有一株高大的五树连体檀林树，恰似五个亲如姐妹的少女，拥抱一处，打趣取乐，令人叫绝。观日峰上观日台前的迎客松，古老苍劲，如拍照留念，当不枉此行。树间缠绕的藤蔓，山中丛生的植物，千奇百怪，种类繁多，叫人眼花缭乱。

金城山幽幽松林，茫茫竹海，九十九险峰，四十八奇洞，三十六清泉，钟声古刹……会给游人留下永不磨灭的印象。难怪明代大学士陈以勤题诗赞道："我到金城关上门，方知岳外有山尊。高摩赤日分昏晓，雄压诸山是子孙。插剑池龙留胜迹，步虚台树走长根。英雄词此真灵异，纪载纷纷何足论。"

【小知识】

自然保护区

自然保护区是指对有代表性的自然生态系统、珍稀濒危野生动植物物种的天然集中分布、有特殊意义的自然遗迹等保护对象所在的陆地、陆地水域或海域，依法划出一定面积予以特殊保护和管理的区域。

自然保护区是一个泛称，实际上，由于建立的目的、要求和本身所具备的条件不同而有多种类型。按照保护的主要对象来划分，自然保护区可以分为生态系统类型保护区、生物物种保护区和自然遗迹保护区三类；按照保护区的性质来划分，自然保护区可以分为科研保护区、国家公园（即风景名胜区）、管理区和资源管理保护区四类。不管保护区的类型如何，其总体要求都是以保护为主，在不影响保护的前提下，把科学研究、教育、生产和旅游等活动有机地结合起来，使它的生态、社会和经济效益都得到充分展示。

【延伸阅读】

森林景观

在地球的陆地生态系统中，森林总面积为 50 亿 hm^2，占陆地面积的 32.6%。过去和现在，森林都是陆地上最大、最复杂的生态系统。同时，森林具有净化空气、涵养水源、保持水土、调节气候等多种功能，是保护环境、维护陆地生态平衡的关键因素。森林景观以其复杂的生态系统、丰富多样的生物资源、千姿百态的自然景观和浩大繁茂、神秘幽深的特点，吸引着人们进行科学考察、探险揭秘、医疗健身、森林旅游和生态旅游等多种活动。

辽阔的草原既是优良的牧场，也是理想的旅游场地。人们在草原上可以骑马、骑骆驼、乘勒勒车，在观赏草原风光的同时，还可在牧民家中做客，体验少数民族的生活，享受独特的草原风情。

1. 热带雨林景观

热带雨林是由耐阴、喜湿、喜高温的常绿树种组成，并具有丰富的附生植物和木质的藤本植物，是种类丰富、结构复杂的植物群落。热带雨林中丰富的植物资源和适宜的生存环境也养育了爬行类、两栖类和昆虫类等动物种群。

热带雨林主要分布在北纬 10°至南纬 10°之间的南美洲亚马孙河流域、非洲刚果盆地、亚洲东南亚地区。其中，亚马孙平原的热带雨林，面积达 3.73

亿 hm^2，是世界上规模最大的热带雨林景观。该流域充足的光照、水分和湿热的气候，孕育了雨林中极为丰富的生物资源。类型多样的生物物种使雨林的景色极为美丽：林内常夏无冬，四季常花、常果，巨大的榕树独树成林，攀缘植物沿乔木攀爬向上，蕨类植物寄生在乔木之上形成“空中花园”等，其状千姿百态。

红树林

红树林是分布于热带和部分亚热带的滨海地区、受周期性海水浸淹淤泥海滩上的一种耐盐的常绿乔灌木植物群落。它能起到扩展滩涂、防御风浪潮汐袭击和保护海岸等作用，具有生态保护等经济和科学价值。

红树林主要分布在北纬 32°至南纬 44°之间。我国的红树林分布在海南、广东、广西、福建、台湾和浙江等地。其中，位于我国广西合浦县的山口红树林，于 1990 年建为生态保护区，是首批国家级海洋类型的自然保护区之一。保护区面积达 0.8 万 hm^2，红树林面积达 0.72 万 hm^2，有红海榄、秋茄、桐花树等 12 种红树林植物，其中成片的红海榄纯林，在我国极为罕见。

2. 亚热带常绿阔叶林景观

亚热带常绿阔叶林是发育在亚热带地区大陆东岸，湿润季风气候下的森林植被类型，其树种多为樟科、兰科、山茶科等。

卧龙国家自然保护区，位于中国四川省汶川县西南部，邛崃山脉东翼。最高峰为西南的四姑娘山，海拔 6 250 米，附近高于 5 000 米的山峰有 101 座。群山环抱，地势从西南向东北倾斜，溪流众多。年均温 8.9℃，最高温度 29.2℃，最低温度 – 8.5℃，年降水量 931 毫米。原始森林茂密，处四川盆地与青藏高原过渡带，从亚热带到温带、寒带的生物均有分布。海拔 1 600 米以下为常绿阔叶林；1 600～2 000 米为常绿落叶阔叶混交林带，常绿树有萤青冈、印叶钓樟，落叶树有水青树、山毛榉、槭等；2 000～2 600 米为针阔混交林，以铁杉为主，其次为垂枝云杉、四川红杉、槭、椴等；2 600～3 600 米为亚高山针叶林带，以岷江冷杉为主，林下有大面积箭竹；3 500 米以上为高山草甸和灌丛。不同类型的植被为多种动物提供了栖息场所。1963 年建立自然保护区，面积 2 万 hm^2。1980 年与世界野生动物基金会合作在卧龙建立中国保护大熊猫研究中心。1983 年加入国际“人与生物圈计划”，主要保护对象是大熊猫等珍稀动物及森林生态系统。

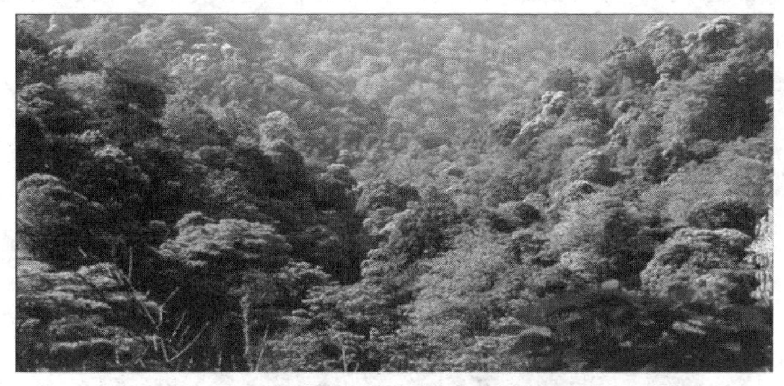

卧龙国家自然保护区

1980 年，保护区加入联合国教科文组织“人与生物圈”保护区网，并与世界野生生物基金会合作建立中国保护大熊猫研究中心。1983 年 3 月经国务院批准，将卧龙保护区内汶川县的卧龙、耿达两个公社划定为汶川县卧龙特别行政区，实行部、省双重领导体制，由林业厅代管。同年 7 月，省政府、原林业部联合作出了将四川省汶川县卧龙特别行政区改为四川省汶川卧龙特别行政区的决定，与卧龙自然保护区管理局合署办公的综合管理体制。

武夷山自然保护区

武夷山有“华东屋脊”的称号，优越的自然条件使这里植被茂密，物种丰富。保护区森林覆盖率达 92%，海拔 1 000m 以下，为典型的亚热带常绿阔叶林景观，主要树种有甜槠、南岭栲、大叶栲、苦槠等，局部混生有枫香、赤杨、桦木。保护区分布有高等植物 191 科 1 852 种，保留有许多古老的孑遗种、特有种、珍稀种，如银杏、鹅掌楸、南方铁衫、紫杉、三尖杉、半枫荷、银种树、水松等，有“天然植物园”之称。茂密的森林为动物提供了生存条件，保护区内野生动物达 400 多种，其中华南虎、猕猴、毛冠鹿、白颈长尾雉、黄腹角雉、穿山甲、苏门羚等为国家保护动物。

3. 温带落叶阔叶林景观

温带落叶阔叶林是指夏季长叶、冬季落叶的乔木组成的森林植被类型，其树种主要有栎、槭、桦树等，动物有鼠、鹿、狐、狼等。温带落叶阔叶林主要分布在欧亚大陆西部、我国华北、东北及朝鲜、日本、北美五大湖和大西洋沿岸低地等地区；南美南端及大洋洲南部也有小面积地分布。

4. 古树名木

古树名木是记录历史、指示环境变迁、展示生态特征的历史文物和科学资料，具有科学研究和旅游欣赏价值。

银　杏

银杏，为银杏科、银杏属落叶乔木，别名白果，公孙树，鸭脚树，蒲扇。银杏是现存种子植物中最古老的孑遗植物。银杏生长于几亿年前，现存活在世的银杏稀少而分散，上百岁的老树已不多见。变种及品种有：黄叶银杏、塔状银杏、裂银杏、垂枝银杏、斑叶银杏等26种。银杏树又名白果树，生长较慢，寿命极长，自然条件下从栽种到结银杏果要二十多年，四十年后才能大量结果，因此别名“公孙树”，有“公种而孙得食”的含义，是树中的老寿星，古称“白果”。银杏树具有观赏、经济和药用价值。银杏树是第四纪冰川运动后遗留下来的最古老的裸子植物，是世界上十分珍贵的树种之一，因此被称作植物界中的“活化石”。

5. 热带稀树草原景观

热带稀树草原是一种以旱生、适高温的多年生草本植物占优势，并散生一些耐旱的乔灌木的植物群落。由于禾草的生长力高以及草原上植被稀疏开阔，有蹄类食草哺乳动物和一些大型食肉动物，如斑马、长颈鹿、非洲狮等多有分布。

6. 温带草原景观

温带草原是指由低温、旱生、多年生的草本植物组成的生态系统，其植物种类主要有丛生禾草针茅、羊茅、须芒草等，也有散生的小灌木和多种双子叶杂类草，如豆科、菊科植物等。开阔的温带草原适宜善于竞走的大型食草类动物生活，如野驴、黄羊、野牛和骆驼等。温带草原主要分布于欧亚大陆的温带地区。我国东北和内蒙古地区有温带草原带分布。

7. 高寒草甸景观

高寒草甸以温冷生中生草本植物为主，草层低矮，盖度大，根系浅而密集。我国青藏高原上分布的高寒草甸，仲夏时节，百花盛开，水草丰美，还有乌黑的牦牛、矫健的骏马以及野驴、野牛、藏羚羊、旱獭等多种珍稀动物，构成了一幅别致、生动的高原风情。

8. 典型生物旅游资源案例

可可西里保护区

“可可西里”蒙语意为“青色的山梁”（一说为“美丽的少女”，以发音不同而异）。藏语称该地区为“阿钦公加”，它是目前世界上原始生态环境保存最完美的地区之一，也是目前我国建成的面积最大、海拔最高、野生动物资源最为丰富的自然保护区之一。可可西里气候严酷，自然条件恶劣，人类无法长期居住，被誉为“世界第三极”“生命的禁区”。然而正因为如此，才给高原野生动物创造了得天独厚的生存条件，成为“野生动物的乐园”。

可可西里自然条件恶劣，人类无法长期居住，但却是野生动物的天堂。野牦牛、藏羚羊、野驴、白唇鹿、棕熊等青藏高原上特有的野生动物使这位“少女”更加妩媚动人。有资料显示，可可西里目前是中国动物资源比较丰富的地区之一，拥有野生动物 230 多种，其中属国家重点保护的一、二类野生动物就有 20 余种。

藏羚羊被称为可可西里的骄傲，是中国特有的物种，国家一级保护动物，也是列入《濒危野生动植物种国际贸易公约》中严禁贸易的濒危动物。

西双版纳国家级自然保护区

西双版纳国家级自然保护区位于云南省西双版纳傣族自治州，面积241 776公顷（由勐腊、尚勇、勐仑、勐养、曼搞五大片组成）。西双版纳国家级自然保护区属热带湿润气候。

西双版纳自然保护区始建于1958年，1980年重新调整并扩大了范围，1981年省政府重新区划调整，1986年晋升为国家级，1986年经国务院批准为国家级自然保护区，1987年经云南省人民政府批准成立西双版纳国家级自然保护区管理局，1993年加入联合国教科文组织世界人与生物圈保护区网络，1999年分别被中国科学技术协会和云南省人民政府批准列为“全国科普教育基地和云南省科学普及教育基地”，2006年被国家林业局列为“全国林业示范保护区”。

西双版纳的热带雨林属于东南亚雨林的一部分，按植被类型分为沟谷雨林和山地雨林两大部分。该地生长着高等种子植物5 000多种，占全国高等植物种类的12%。被列为国家重点保护的珍稀、濒危植物有58种，占全国的15%。林木茂密而层次结构复杂，在100平方米样地上，竟有乔木60多种。林木具有板状根、支柱根和气生根。藤本植物丰富，附生、寄生植物到处可见，老茎生花和纹杀植物总数八分之一。珍贵植物有出产龙脑香料的有望天树，与柚木相媲美的云南石梓，本地区独有的四数木，还有毛坡垒、版纳青梅、山白兰、毛麻楝、肉豆蔻、龙血树、风吹楠、萝芙木等。古老的树蕨、苏铁、鸡毛松、天料木也在此地残存下来。药用植物已知有800多种，其他有特殊用途的植物种类也有很多。因此，该区在全国植物区系中占有特殊地位。

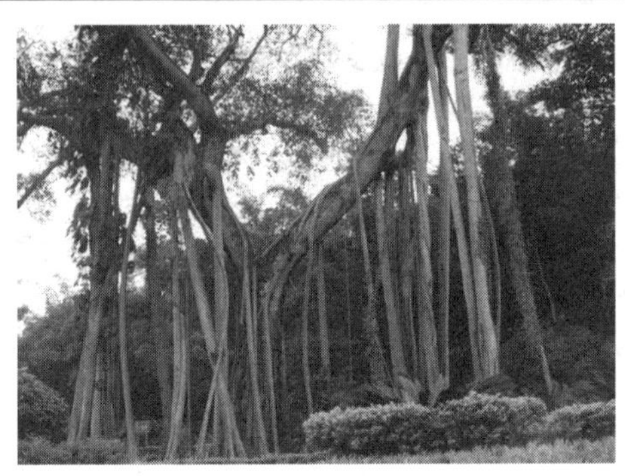

已鉴定的高等植物约 3 890 种，其中国家重点保护植物有望天树、版纳青梅、苏铁、藤枣、黑黄檀、滇南风吹楠、干果榄仁、四数木、合果木、大叶木兰、红椿、粗枝崖摩、桫椤等 53 种。保护区内森林覆盖率已增加到 95.7%，苏铁、桫椤、鸡毛松、树蕨等古热带植物活化石已成为植物群落的主要成分。

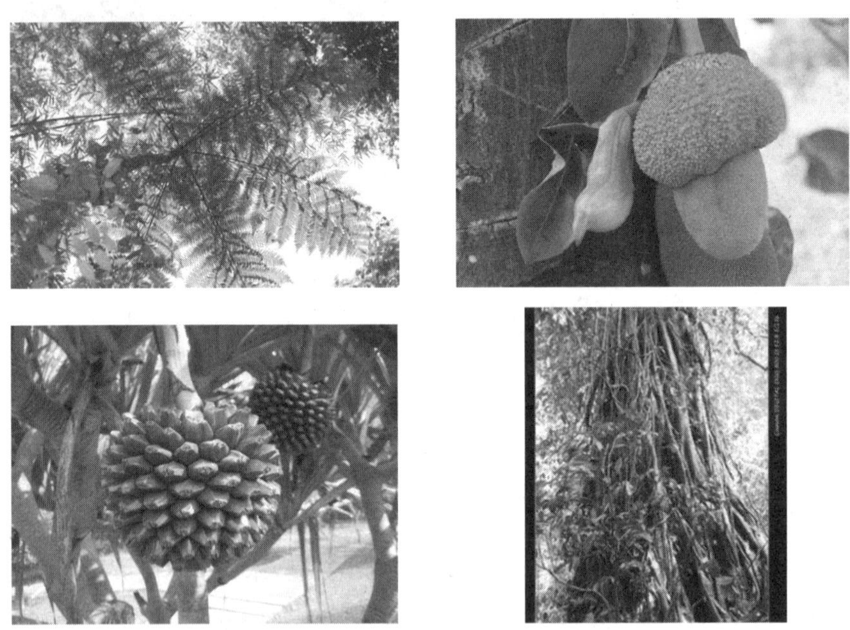

华南植物园

华南植物园即中国科学院华南植物园，前身是国立中山大学农林植物研究所，由著名植物学家陈焕镛院士创建于 1929 年，是中科院四大植物园之一。1954 年改隶中国科学院后为华南植物研究所，2003 年 10 月更名为中国科学院华南植物园。中国科学院华南植物园游览区位于广州市天河区龙洞天源路 1190 号，占地面积 333 公顷，是我国历史最久、种类最多、面积最大的南亚热带植物园，被誉为永不落幕的“万国奇树博览会”，有“中国南方绿宝石”之称。

七、课后作业

通过参考教师教学课件，从教学课程资源库及互联网查找资料，学生分组制作生物景观旅游资源的植物、动物、自然保护区 PPT，撰写不低于 350 字的讲解词。要求：各小组的选择应不一样，最终涵盖三类生物旅游资源，人人都要讲解过关。

项目五　广安人文旅游资源信息采录

任务一　介绍广安遗址遗迹旅游资源

一、任务准备

（一）任务目标

（1）掌握广安人文旅游资源的主要类别与代表性景区景点。

（2）了解广安主要人文旅游资源的基本特征、旅游价值与分布状况。

（3）培养人文旅游资源信息的采集能力；具有人文旅游资源类别的识别能力；具有人文旅游资源旅游价值分析及评价能力。

（4）培养讲解词的撰写能力（从表象感知、知识认知、理念感悟等方面着手）。

（5）具有自主学习的能力，即景导游能力；收集信息、查阅资料能力；根据已有知识进行重构和创新的能力；较强的逻辑思维能力。

（二）任务场景

安辑所带领的老干部团游览了华蓥山石林景区，第二天准备游览邓小平故居景区，他打算亲自给游客讲解。如果你是安辑，将怎样准备、介绍和讲解呢？如果接的是大学生团、小学生团，又该如何介绍？在游览了邓小平故里后，游客要求安辑介绍更多的广安人文旅游资源，你认为他该介绍些什么呢？

二、任务分析

要介绍广安的人文旅游资源，除具备的基本素质外，还得有一篇好的介绍词。写好介绍词的前提是采集景区主要的人文资源的信息。广安其他人文旅游资源分布在广安五个县，在收集的时候要明确收集类别，还要进行个人采录信息整理。个人整理好的材料交组以后，小组长指派成员将所有信息校对并进行整理，最好还需要全组讨论修改介绍词，集全组智慧完成讲解词并进行小组试讲。

三、任务分派

学生每 5 ~ 8 人成立一个小组（可根据班级情况进行调整，小组人数一般不宜过多），选取一名成员作为小组组长（可自荐或由小组成员推荐），各小组成员各自接受任务并展开调研。

四、任务实施

（一）个人信息采集

现场采集信息：

（1）准备笔、记录本、相机等。

（2）拟定采集方案：采集信息内容提纲、采集时间、采集场所、采集方式、采集的对象。

（3）按一定的顺序（如线路、内容）进行现场采集。

从纸质或电子资料中搜集信息：要求学生通过现场考察、网络收集、查阅书籍等方法收集广安人文旅游资源中遗址遗迹旅游资源相关信息，完成表格填写（见表 5.1）。

表 5.1

遗址遗迹名称	类　型	地理位置	修建时间	级　别	备　注

（二）小组任务

（1）小组成员调查广安人文旅游资源的遗址旅游资源。

（2）小组成员根据收集的信息对遗址旅游资源进行分类。

（3）小组成员对老干部团游客群体的特征进行侧重点分析。

（4）形成成果报告（手写或打印）。（见表 5.2）

表 5.2

项　目	姓　名	时间、地点	内容或情况记录
信息初步整理分类			
讲解词修改			
游客群体特征介绍侧重点分析			
小组内试讲			

五、任务总结

（1）采集信息由任课教师从广安人文旅游资源类型、区别特征等方面对各小组调研报告及实施方案进行总体评价。

（2）采集方式可以是参观考察、询问、网络、图书馆收集。

（3）介绍人文旅游资源要结合历史，插入故事，并按照一定的方位顺序介绍。

（4）介绍人文旅游资源应有一条主线，如方位主次顺序或者地域关系。

六、知识总结：人文旅游资源

人文旅游资源，又称人文景观旅游资源，是指人类创造的，反映各时代、各民族政治、经济、文化和社会风俗民情状况，具有旅游功能的事物和因素的总和。人文旅游资源根据内容、性质可分为四类：遗址遗迹旅游资源、建筑与设施、旅游商品和人文活动四类。人文旅游资源是人有意识活动的产物，是人类历史文化的结晶，具有人为性、时代性、地域性和民族性等特点。

（一）遗址遗迹类旅游资源概述

遗址遗迹形成于不同的历史发展阶段，是人类活动的产物，真实地记录了人类各时期的历史，凝聚着人类智慧，昭示着特定的历史特征，是当地历史文化的反映。遗址遗迹是历史文化的精华和综合体，具有丰富的文化内涵，它们既是历史的见证、美的观赏对象，又是民族科学历程的展现。

（二）历史遗迹类旅游资源的类型

1. 史前人类活动场所

（1）人类活动遗址。

人类活动遗址，曾经是史前人类聚居、活动场所，主要是旧石器时代的人类活动遗址。旧石器时代是指距今 250 万年到距今 1 万年的历史时期，这一时期人类主要以天然岩洞穴居，并结合成一定的社会群体。

根据考古发现，在我国遗留下来的旧石器时代的古人类遗址主要有：公元前 180 万年到前 170 万年前的云南元谋县“元谋人”遗址，公元前 115 万年到前 80 万年前的陕西蓝田县“蓝田人”遗址，公元前 70 万到前 50 万年前的北京“周口店人”“北京人”遗址。此外，还有 20 万年前的陕西大荔县“大荔人”，10 万年前的湖北长阳“长阳人”，公元前 21 万年到前 16 万年前的山西襄汾“丁村人”，1.8 万年前的北京周口店龙骨山“山顶洞人”等古人类遗址。

北京周口店遗址是我国境内发现的最早的猿人住所，也是当今世界上发现的古人类遗址化石数量最多，材料最丰富、最齐全的一处。

（2）文化层。

文化层指史前人类活动留下来的痕迹、遗物和有机物所形成的堆积层，每一层次代表一定的时期。考古工作者从地层上正确划出上下文化层的叠压关系。根据文化层的包含物和叠压关系，可以确定遗址各层的文化内涵和相对年代。

河南龙山遗址的文化堆积层厚达 4 米，为龙山、西周、春秋、战国、汉、宋、明、清 8 个时期连续叠压，为研究龙山文化向夏文化过渡、史前城址聚落形成、我国文明起源、国家的形成等提供了重要的实物资料。

四川三星堆遗址发掘出 4 个文化层，据此可以研究古蜀之地在新石器时代晚期，夏、商、周初时期不同的政治、经济、文化形态，为探索古代文明的起源和发展提供了实证。

（3）文物散落地。

文物散落地指在地面和表面松散地层中有丰富文物碎片的地方。文物有历史、艺术、科学价值，是一个历史时期综合的艺术、科学发展水平的体现。

截至 2013 年，我国先后共公布 7 批全国重点文物保护单位，总数为 4 295 处。

山西省现有全国重点文物保护单位 452 处，列全国第一位。其他依次为：河南 363 处、河北 272 处、陕西 233 处、江苏 224 处……陕西省由于是西周、汉、隋、唐等几个封建时代的都城所在地，皇帝和王孙士大夫的墓葬较多，陪葬品因而也较为丰富，存留至今成为大量价值珍贵的地下文物。四川有 172 处，广安有 3 处。

（4）原始聚落遗址。

原始聚落遗址包括史前人类居住的房舍、洞窟、地穴及公共建筑等，主要是人类进化到新石器时代以来的遗址。新石器时代开始于距今一万年左右至四五千年以前，这一时期人类以使用磨制石器为主，从事农耕、畜牧业，制陶、铸铜等工艺亦较发达，出现原始聚落。

我国目前发现的原始聚落遗址有：河南渑池仰韶村的仰韶文化遗址、浙江余姚河姆渡村的河姆渡遗址、陕西西安市半坡村的半坡遗址、浙江余杭县的良渚文化遗址等。其中，西安半坡遗址是古人类居住区规模最大、功能最全、人类文化层最多的一处原始聚落遗址。

2. 社会经济文化活动遗址遗迹

（1）历史事件发生地。

历史事件发生地，指历史上发生过重要贸易、文化、科学、教育事件的地方。重要历史事件，往往对一个时期的政治、经济、文化产生重大的历史影响，对后世有激励、启迪、借鉴、警示作用。人们为了纪念并教育后人，在这些重大历史事件发生地多建有纪念地，并且这些纪念地通常会尽可能地利用原有建筑物，保持原来环境，以增强真实感和感染力。如丝绸之路重镇——甘肃敦煌、武威，“海上丝绸之路”的起点——福建泉州，南宋时期朱熹和陆九渊兄弟进行“鹅湖之会”的所在地——江西铅山鹅湖书院，“九一八”事变的发生地——辽宁沈阳，“卢沟桥事变”的发生地——北京卢沟桥畔宛平城等。

（2）军事遗址与古战场。

军事遗址与古战场，指发生过军事活动和战事的地方。重大军事战役，以及相关联的军事事件、人物、传说和战场遗址，是人们缅怀历史、抒发思古之幽情的重要载体，因而对旅游者有巨大的吸引力。

在军事遗址中，还包括近现代革命遗址和纪念地。中国自鸦片战争以来的近现代历史，是一部不断反抗外来侵略和封建统治、争取民族独立和民族解放的历史，是一部不屈不挠的革命斗争史。这些革命斗争所遗存的旧址如今被妥善保护，形成了革命遗址和革命纪念地。其中，有广西桂平金田起义遗址、广东三元里平英团遗址、广州黄花岗七十二烈士墓、武昌起义军政府旧址、云南陆军讲武堂旧址、北伐汀泗桥战役旧址、南昌八一起义指挥部旧址、井冈山革命遗址、秋收起义文家市会师旧址、平江起义旧址、泸定桥、卢沟桥、平型关战役遗址、冉庄地道战遗址等。

（3）废弃寺庙。

废弃寺庙，指已经消失或废置的寺、庙、庵、堂、院等宗教建筑。

（4）废弃生产地。

废弃生产地，指已经消失或废置的矿山、窑、冶炼场、工艺作坊等。

（5）交通遗迹。

交通遗迹，指已经消失或废置的交通建筑和设施。

（6）废城与聚落遗迹。

废城与聚落遗迹，指已经消失或废置的城镇、村落、屋舍等居住地建筑及设施。

（7）长城遗迹。

长城遗迹，指已经消失的长城线形痕迹。

（8）名人纪念地。

【思考】

（1）邓小平故里属于什么类型的旅游资源？

（2）邓小平故里的旅游价值主要体现在哪些方面？

3. 典型名人纪念地——邓小平故里

邓小平故里，位于四川东部广安市区北郊，北纬 30°01′~30°48′，东经 105°56′~107°18′，是国家 AAAAA 级旅游景区、全国重点文物保护单位、全

国红色旅游经典景区、全国爱国主义教育示范基地和革命传统教育基地、国家一级园林，位于广安市协兴镇牌坊村，距广安市区 7 公里。成都至广安高速公路及重庆至广安高速公路可直达邓小平故里，动车已经可直达重庆。2001 年 6 月，为了表达对邓小平同志的无限怀念之情，四川省委、省政府批准设立了总面积 29.91 平方公里的邓小平故居保护区，其核心区（830 亩）为现已建成的邓小平故里旅游景区。

广安市邓小平故里旅游景区现有景点近 20 处，如翰林院子、蚕房院子、邓绍昌墓以及邓家老井、放牛坪、清水塘、洗砚池、神道碑等，充分展示了邓小平同志青少年时期的活动足迹。

邓小平同志故居

1904 年 8 月 22 日，中国社会主义改革开放和现代化建设总设计师邓小平同志就诞生在这里，并在此度过了他难忘的童年和少年的大部分时光。这是一座古朴典雅、具有浓郁川东风情的农家三合院，当地人亲切地称之为“邓家老院子”。故居坐东朝西，由东、南、北三组单层建筑组成，整个院子占地 833.4 平方米，共 17 间房屋，悬山式木结构小青瓦屋面，穿斗式承重体系，其工艺精湛，风格独特，是典型的川东民居建筑。

邓小平故居陈列馆

邓小平故居陈列馆是国内唯一一个以纪念邓小平同志为专题的博物馆。江泽民同志亲笔题写了遒劲有力、熠熠生辉的馆名。陈列馆的设计理念是把川东民居风格和现代建筑风格相结合，交融着中国改革开放历史性变化的深刻内涵，体现了邓小平同志独特的人格魅力和波澜壮阔的人生经历。陈列馆坐西向东，背靠高高山脊，面向广袤田野，周围幽篁环抱，门前碧塘泛波，十分庄严肃穆。三个斜坡屋面错落有致，三宕三叠，寓意邓小平同志“三落三起”的不平凡的革命历程。中间一片巨大的高墙直耸云天，寓意着邓小平同志的丰功伟绩在人类历史上树起了一座不朽的丰碑，同时昭示我们要高举邓小平理

论伟大旗帜，把中国社会主义现代化建设事业进行到底。整个建筑设计从斜坡到丰碑，又从丰碑到斜坡，寓意邓小平同志从平凡走向伟大，又从伟大回归平凡，体现了邓小平同志既平凡又不平凡的一生。在建筑选材上，陈列馆选用了花岗岩和柚木，寓意邓小平同志刚柔相济的性格。

邓小平缅怀馆

邓小平缅怀馆建于邓小平故居陈列馆与邓小平故居之间，距离东南方向的邓小平故居陈列馆约 70 米。邓小平缅怀馆是纪念邓小平同志诞辰 110 周年的重点工程之一，是缅怀邓小平同志崇高风范的又一重要纪念场所。邓小平缅怀馆以“回家”为设计理念，以亲切自然、温馨情感为建筑设计指导。其功能以展示邓小平同志生前的工作和生活场景，并以真实遗物为主陈列。展览主题为“小平，您好”，意在突出展示政坛之下的平民邓小平，表达“人民领袖人民爱”。整个展览是在邓小平故居陈列馆基本陈列“我是中国人民的儿子”的基础上，对邓小平人格魅力的完整补充，让人们更加了解他的生活、他的情感、他的世界。

邓小平铜像广场

邓小平铜像广场占地 26 亩，三面环山，状如座椅。铜像高 2.5 米，重 1.2 吨，基座是由黑金沙花岗石做成，正前方镌刻着江泽民同志题写的“邓小平铜像”五个大字。这尊铸铜座像面容温和，两颊瘦削，目光敏锐深邃。邓小平身穿短袖衬衫，军便裤，沿口布鞋，面带微笑地坐在椅子上，亲切地注视着家乡的山山水水，似乎抖落一身风尘，回归故里，注视着家乡的发展变化。广场入口两旁的几棵树，是 2004 年邓小平百年诞辰时，他的亲属回家时种下的，以此表达对他的深深怀念。广场中间高大的银杏、水杉等是由时任中央政治局常委、党和国家领导人吴邦国、温家宝、贾庆林、曾庆红、黄菊、吴官正、罗干来故里视察时培植的，他们用这种方式表达对邓小平同志的缅怀之情。

翰林院子

翰林院子建于清乾隆年间，距今已有 200 多年的历史，是邓小平先祖清代翰林邓时敏居住的旧宅，是邓小平同志读私塾、改名的地方。翰林院子坐西向东，穿斗式木结构建筑，悬山式屋顶，小青瓦屋面，是两个四合院相套的大院落。整个院子共有大小房屋 36 间，由朝门、戏楼、厅堂和厢房等组成，占地 2 219 平方米，建筑面积 1 671 平方米。建筑物建中的檐板、雕花雀替、垂瓜柱、托峰、窗花、门饰等十分精美。柱础类型繁多，雕刻颇具特色。正房对面为气派的朝门，朝门两侧各为三开间房屋。朝门外正中悬挂着著名书法家雕塑家钱绍武书写的“翰林院子”金匾，朝门门口一对高大石狮蹲立两侧，其规模和布局充分体现了翰林院子当年主人的身份。邓时敏仙逝后，邓氏族人把翰林院子辟为学馆，希望为邓氏家族培养出类拔萃的人物以光宗耀祖，于是办起了牌坊村第一所私塾学校。

蚕房院子

蚕房院子是邓氏家族养蚕、缫丝的作坊，建于清朝末年，建筑面积 800 平方米。现设有序厅、展厅、蚕房、蔟室、缫丝、织绸、蚕丝历史文化、蚕丝科普、丝绸旅游商品等展室。2002 年 12 月，蚕房院子被四川省人民政府公布为省级文物保护单位。2013 年 3 月，蚕房院子被正式列为国家重点文物保护单位。

邓家老井

邓家老井是明朝时邓家先祖迁入广安时挖掘的，距今已有五六百年的历史。因此，当地人都亲切地称之为“邓家老井”。井口呈圆形，直径约一米，阶梯式的井台铺砌得方方正正，端庄古朴，清清亮亮的井水丰盈而外溢。老井如同一面古老的青铜宝镜镶嵌在一方荷叶青青的水

田间，清明如鉴。更为奇特的是，这井水的水面，竟高出地平面60公分，溢出井沿，涓涓流淌，终年不断。据当地人介绍，此井水常年充沛，即便是大旱年份，照样“取之不尽，用之不竭”。老井的水，冬天温润而热乎，夏日甘洌而冰凉，且水质纯净，清润可口。数百年来，方圆几里的农户，都在这里挑水饮用。而今，周围的农户都搬进了农民新村，用上了自来水，但这口老井仍在汩汩流淌，它见证了数百年来时代的变迁、社会的进步。“一方水土养一方人。”邓小平同志喝这口井的水成长到了15岁，从这里走向世界。饮水思源，当代人喝一口井水，可以真切地感受到“翻身不忘毛泽东，致富更思邓小平”这句话的分量。清冽的井水，养育了一代伟人邓小平，小平同志喝着邓家老井的水，一直到他离开家乡。

六棵树

六棵树分别是白玉兰、紫藤、丁香、石榴、紫杉和连翘，2003年9月28日从邓小平同志北京住宅内移栽过来。邓小平同志生前对这六棵树特别钟爱，呵护有加，常常为它们培土浇水，还把石榴树上成熟的石榴分给子孙们品尝。2003年4月，邓小平同志的3个女儿回广安，听说家乡正在开展“我为小平故里植棵树”活动时，非常高兴，表示要出点力、尽点心。邓楠同志讲，广安是父亲的出生地，把北京家庭院的树移植回老家，有非常重要的意义。邓小平同志的亲属亲自选择了这“六棵树”，尤为奇特的是，在移栽这几株树时，天空中竟奇迹般地出现了一道美丽的彩虹。“六棵树”由两名少先队员护送，沿途掬长江、黄河之水，取华北平原、黄土高原、秦岭、大巴山之土，送回了邓小平故里广安。

清水塘

清水塘位于邓小平故居北侧，占地21亩，曾是牌坊村农户洗衣、洗浴的地方。儿时的邓小平放学归来，三五个小孩邀约一起，经常在池塘里穿梭游泳，或相互嬉戏，或潜水捉鱼……清水塘，伴随着邓小

平度过了欢乐的童年、少年。有游客发现，清水塘的形状恰似中国地图。邓小平同志说："我是中国人民的儿子，我深情地爱着我的祖国和人民。"从这里可见，小平同志从小就胸怀祖国，在家乡的清水塘里游遍祖国大江南北，长城内外。人们不得不赞叹大自然造化的神奇。

放牛坪

放牛坪是邓小平同志少年时期主要活动的场所之一。放牛坪是牌坊村孩子们放牛的地方，也是邓小平童年时经常玩耍的地方。放牛坪上，曾经留下邓小平矫健的身影和琅琅的书声。

神道碑

神道碑是清朝嘉庆年间朝廷为表彰邓小平先祖邓时敏的功德而赐造的。邓小平先祖邓时敏，字逊斋，号梦岩，雍正十年（1732 年）中举，乾隆元年（公元 1736 年）进士及第，入翰林院授以编修，后升为侍讲学士，于乾隆十年（公元 1745 年）升任大理寺正卿（相当于现在的最高人民法院院长）。邓时敏为官正直，刚果持正，政绩斐然，声名远播。年老后乞休，返乡卒于家，诰授通奉大夫。

神道碑距邓小平故居约 500 米，碑高约 5 米，碑石上竖正书"诰授通奉大夫大理寺正卿邓公神道"。额上雕龙极富动感，龙头戏珠，珠中阳刻一"圣"字，碑立在赑屃（拼音：Bìxì）上（这个看似乌龟的动物叫赑屃，龙头龟身，传说是龙王的第九个儿子，力大无穷），碑两侧分别立一望柱，云龙雕刻造型甚美。柱顶分别雕刻蹲立石狮。此碑在《广安州新志·金石志》上有载。遗憾的是，原碑在"文化大革命"期间被毁。此碑于 2000 年重建，2003 年 3 月修复完善。

【小知识】

神道碑

（1）神道碑指神道前的石碑，上面记载死者生前事迹。立在墓道上的碑，记录帝王大臣生前的活动。神道即墓道。神道碑文原较简单，一般只称"某帝或某官神道之碑"。欧阳修《集古录跋尾》记述汉杨震碑首为："故太尉杨公神道碑铭。"可见，神道碑之名，汉已有之。后来纪事渐趋详细，成为人物传记的一种变体，并多收入作者的文集。

（2）神道碑也指神道碑上的文字记录。

德政坊

离神道碑约 100 米处的牌坊叫德政坊，它与神道碑一样，是当时朝廷为表

彰邓小平先祖邓时敏的功德赐造的。牌坊村正是由于有了这座牌坊而得名。原牌坊在“文化大革命”期间被毁，此牌坊于 2002 年 8 月在原址按原牌坊形质复建。牌坊高 12 米，宽 10 米，四柱三间，三重檐，中脊有镂空雕饰，两端有鸱吻与坊盖之翘首对应。中门横跨宽 4 米，两对抱鼓石上分别刻有“双狮滚带”等多种浅浮雕图案。中门上方横额上正书“德政坊”“功勒金石”。两侧门较之中门略低、略窄，门上镶嵌石板，石板上透雕各种花卉图案；并书有“恭谦”“正直”“咏仁”“讼理”。四根方形枋柱竖立于地面四块长方形整石之上，枋柱上分别镂刻楹联：“弘扬法典千秋伟业，造福黎民一代名臣”“敏思勤行盛德若愚，为善最乐诗书传家”。楹联和横批都是邓时敏一生功绩与德行的写照。横梁的两边分别雕饰人物群像浮雕，整座石坊给人以恢宏庄重之感，浮雕图案不仅玲珑剔透，而且题材十分丰富，人物主体内容主要取材于戏剧，有的出自于神话小说或民间故事，造型生动，个性鲜明，内涵丰富。

百花潭

潭内种植有许多观赏荷花，初夏时节，碧荷连天、绿满大地、莲花朵朵，香飘满园。轻风吹过，花儿娇羞欲语、随风起舞、摇曳生姿，为宁静的湖光山色平添了许多的生机和灵气。由此让我们不禁想到周敦颐的《爱莲说》：“莲，花之君子者也。”“出淤泥而不染，濯清涟而不妖，中通外直，不蔓不枝，香远益清，亭亭静植，可远观而不可亵玩焉。”

邓绍昌墓地

邓绍昌是邓小平的父亲，他出生于 1886 年，卒于 1936 年，享年 50 岁。邓绍昌早年就读于成都法政学校，回乡后教过书，当过协兴乡团总和广安县团练局局长。因他受过新式教育，见过世面，思想进步，开明正直，疾恶如仇，痛感清政府的腐败和帝国主义侵略者的横行，他参加了当地的袍哥组织，做过协兴“码头”的当家三爷，后升为“掌旗大爷”。他奔走呼号，积极从事反洋教和“保路运动”。辛亥革命前后，广安建立了革命军，血气方刚的邓绍昌加入革命军当上了新兵训练营营长，率部参加了地方的武装暴动。邓绍昌在乡里受人尊敬，很有影响。他一生中最大的功绩就是为邓小平同志选择了赴法国留学的道路，这个决策对于邓小平的一生乃至整个中国的命运都有着重大影响。

洗砚池

洗砚池因其形状似砚台而得名，面积约 8 亩，邓小平同志儿时常在这里取水研墨习字，并在池中洗笔。池中种植了近千株观赏藕，还有色彩斑斓的观赏鱼在水中游弋。

佛手山

佛手山位于广安区协兴镇果山村，距邓小平故居约 3 公里，为省级重点文物单位。这里山峦起伏，沟谷纵横，瓜果飘香，风景宜人。

在佛手山山嘴崖处，立有一方巨石，自然从中裂开，一分为二，裂缝两边的石壁上各有一只 2 米见方的手掌印，传说以前佛祖经过这里，坐于崖上小憩，为眼前美景所迷，不禁击石赞叹，一掌击下，山石应手而开，山便得名“佛手山”。后历代先人陆续在石崖山开凿了很多书法石刻及摩崖造像，并在山腰修建石牌坊和庙宇等建筑。可惜这些景观历经沧桑，大多毁坏，不复当年景象。

佛手山安葬着邓小平的祖母戴氏、生母淡氏等邓家先孺，墓地坐落于佛手山半腰处。在我们这个位置看佛手山的整体山形就恰似一把座椅，在坟墓两边各有一条山岭，好像是这把椅子的两把扶手，而雄峻的佛手山就是那把椅子的靠背，邓氏先孺坟墓刚好坐落于这把椅子的正中间。正前方视野开阔、地势空旷，如果雨后初晴我们站在这里极目远眺，可以看到横亘在天际的华蓥山，而佛手山的主峰就恰似一只乌龟，因为乌龟在传说中是吉祥、长寿的象征，所以当地老百姓也将这里叫做“寿龟山”。

邓氏先孺坟墓，建筑外观非常古朴、美观，代表了川东民俗建筑的一种风格，因此在 2002 年 12 月份的时候被四川省人民政府公布为四川省文物保护单位，它宽 7.6 米，高 2.3 米，深 7 米，上面坟土非常松软，坟草也长得十分茂盛，并且是清一色的茅草。这座坟墓从建成到现在已经历了八十年的沧桑岁月，特别是经历了国内革命战争时期和“十年动乱”的风风雨雨，它依然完好如初，在历史上从未遭受到毁坏。1995 年 9 月，邓小平长子邓朴方同志曾经到邓氏先孺坟前拜祭，对乡亲们对邓氏先孺坟墓加以保护的做法非常的感谢。

现在我们一起来看一下碑文：

右边第一棺石墓的墓碑上刻有“故先妣邓母淡老孺人之墓”，淡氏就是邓小平的生母，她是广安区恒升场淡家牌坊。淡家当时在广安是名门望族，书香门第，她生养了四个子女，右边的第一位：孝男先圣。后面依次刻有先修（邓垦）、先治（邓小平）、先清等后辈的名讳。墓碑可侧上方刻有“民国十六年”（1927 年），淡氏过世安葬于此。

第二棺坟墓的墓碑上面刻有“故先妣邓母戴老太君之墓”，戴氏是邓小平同志的祖母，她只生养了邓绍昌一个儿子，墓碑左侧下方刻有“男绍昌、媳淡氏”，他们就是邓小平的父母了。邓小平的祖母 1926 年安葬在这里。

第三棺坟墓是邓小平的堂祖母李氏的墓室。第四棺坟墓是一棺空墓，是为了整座坟墓联语的对称，所以多修的陪棺墓。

中间墓梁石柱上刻有“庚山甲向”四个字，指坟墓的朝向是坐西向东。第一幅联语“佛手山作保障，渭水绕佳城”是讲坟墓依山傍水，地理位置非常的不错。最后一幅联语最引人深思，给人的教育意义也是最大的，它就是“阴地不如心地、后人须学好人”，它的意思是说墓地选得再好也不如人的心地好，所以后人更应该向好人学习了，更难能可贵的是这些联语都是出自邓小平同志的父亲——邓绍昌的手笔。由此可以看出在那个封建社会里面，他能够写出如此的联语来，说明他们邓家的家风十分开明，而邓绍昌的文字功夫也非常深厚。

坟墓右边的这方石头名曰“印盒石”，高约 6 米，两侧如刀削斧劈，陡峭难攀，在印盒石的顶端有一个形似印盒的小水函，里面常年绿水盈盈，一般都不会干涸，如果快要干了，就预示着快要下雨了，就好像“天气预报”一样。这方巨石在 1978 以前并不是这样，在 1978 年之前它上半部分陷在土中，另一部分兀立悬空，下面还可以容纳十余人在下面打牌下棋，可是在 1978 年夏天的一场暴雨后，这方巨石陡然下滑，落在实地，从此就这样落地平坐了。这石缝上面天生的黄桷树已经在这里生长了快一百年了。在 1978 年以前，这棵黄桷树的根系全部在石头上，因缺肥而显得枯黄瘦小，可是在 1978 年，当这方巨石落在了实地，黄桷树的根系就慢慢地从这石头上面沿石缝深入到土壤中，能够从土壤当中吸收水分和养分，如今这棵黄桷树长得枝繁叶茂，生机盎然。

佛手山满山遍野种植了广柑、柚子、蜜桃、枇杷等水果，一年四季群花争艳，瓜果飘香，成了远近闻名的花果山。

佛手山山峦起伏，沟壑纵横。山势奇特，有人说它像打坐的佛祖，左手拈诀，右手抚膝，端坐莲台。远处的层层浅丘，恰似朝圣的信徒，虔诚地拱伏于地，大有千人拱首、万山来朝之势。

协兴老街

协兴老街距邓小平故居约 1.5 公里，协兴之名已有一百多年的历史。协兴古为望溪乡，原来仅在靠北方设有场镇，称为“旧市”，约有一百余家店户。随着经济的发展，“旧市”已远远不能满足人们赶场交易的需要，清同治（公元 1862—1874 年）后在南面增设“新市”，增开了店户 80 余家，它与“旧市”相距仅数十步，取“同心协力，发达兴旺”之意，故名“协兴”。

协兴自古都是交通要道，从广安城出发，古时官道的北干路必经协兴。如今的川鄂公路也从中穿越而过。协兴镇是四川省百个小集镇建设试点镇之一，基础设施建设日新月异，旧貌已换新颜。

北山小学堂

北山小学堂始建于清代，位于广安区协兴镇老街，占地面积有 500 余平方米，其中建筑面积 400 平方米。房屋为单檐、悬山式屋顶、小青瓦屋面、穿斗梁架。学校开办于清朝的宣统元年（1909 年），由协兴场一位刘姓绅士与邓小平的父亲邓绍昌等开明士绅共同创办。校址设于协兴老街刘姓庄园内，有学生百余人，分甲、乙、丙、丁四班，设有国文、算术、修身、体操等课程。早期在校任教的有刘星一、邓绍昌、邓俊德、陈鲁山、蒋能彬等。到 20 世纪 40 年代，北山小学堂规模有所发展，班额扩大到八个。新中国成立后，党和政府在协兴场新建了协兴小学，北山小学堂校址划归协兴乡人民政府，先后用作乡财政所办公用房、职工宿舍等。1911—1915 年，少年时期的邓小平就在这里接受新式教育。在这里培养了一批知名人物，他们中有邓小平、胡伦、邓绍圣等。

北山小学堂是清末广安协兴场的第一所新式初等小学堂，临街房舍有三间，其中左右两间为甲、乙班教室，中间为过道，后面一排房屋有四间，从左至右依次是丙班教室、小礼堂、丁班教室和教师教习室。2002 年 12 月，北山小学被公布为省级文物保护单位；2006 年 5 月，被公布为全国重点文物保护单位。

牌坊村

牌坊村是全国农业旅游示范点。2002 年，为安置邓小平故里景区内搬迁农户，按照四川省委关于建设有中国特色社会主义新农村的要求，统一规划，统一修建了牌坊新村。牌坊新村总占地 340 亩，建筑风格体现了传统川东民居特色，为粉墙黛瓦别墅式造型。分居住区和公共区两大区域，其中，公共区除了建有村委会、幼儿园、医疗站、会议中心、活动中心、文体广场等公共服务设施以外，还布局了饮食文化区、特色养殖区、红色教育区、旅游购物区和花卉种植区等，是集观光、会议、餐饮、休闲娱乐等功能于一体的现代农业生态园区。

绿色长廊

绿色长廊为广安城区通往邓小平故居的迎宾大道，起于体育馆，止于佛手山，全长 11.4 公里，两边绿化带各宽 12 米，绿化带总面积 410.2 亩。绿化带前面为花草灌木绿化带，后面为高大乔木绿化带。乔木植物主要有杨树、黄桷树、小叶榕、天竺桂、银杏、水杉、香樟、杜英、紫玉兰、广玉兰、含笑等。灌木植物主要有麦冬、杜鹃、六月雪、毛叶丁香、黄花槐、迎春、蔷薇、夹竹桃、栀子、海澡、紫薇、美人蕉、满天星、蒲葵、冬青、红枫、海桐等。整个绿化带后面为绿色长廊背景林，背景林面积为 2 774 亩，背景林主要栽植于绿化带后面山坡上，栽植植物主要有刺桐、黄桷树、柏树、小叶榕、杨树、香樟及柚、桃、枇杷等果树。整个绿色长廊涉及广福办事处大寨树、浓洄办事处界坡村、协兴镇保安村、金广村、四新林、牌坊村、协兴村、华福村、战旗村等三个镇（办事处）9 个村。

【学法指导】

介绍小平故居景区时，可以采用先总述再按照方位一一介绍的顺序，以邓小平故居为起点按照方位顺序分别介绍，介绍时插入一些故事情节、历史背景、建筑风格特色等。

（三）人文旅游资源导游讲解中导游方法的运用原则

1. 针对性原则

首先，导游人员应该了解旅游者的旅游目的和心理动机，并根据其不同的心理特点采取不同的导游讲解方法。当然，旅游动机因人而异，旅游需求也千差万别。导游人员应根据不同对象，采取不同的接待方式和导游讲解方法，尽可能地做到有的放矢、因人而异。例如，游览北京故宫，对于一般西方旅游者、导游人员进行一般性讲解就可以了；而对海外侨胞，就可以结合导游内容多介绍一些有关典故、轶事、传说等；而对于研究中国历史、文物、古建筑的学者专家，则要对与他们专业兴趣有关的内容进行较为深入细致的讲解，同时介绍我国学术界的有关情况。

总之，针对性原则就是从旅游者的实际情况出发，因人而异，有的放矢地进行导游讲解。那种不看对象，“八股”式的导游方式，不符合针对性原则，因而也不可能收到良好的效果。

2. 计划性原则

计划性是指按旅游者的需求、时间、地点等条件有计划地进行导游讲解。计划性原则要求导游人员在特定的工作环境和时空条件下，如何发挥主观能动作用，这是导游方法与技巧运用得当与否的依据之一。

旅游者赴外地旅游，一般逗留的时间是有限的，而在某一城市或某一参观游览点的时间则更短暂。如何使他们在有限的时间里得到某种满足，达到预期的目的，很大程度上依赖于导游周密、科学地安排旅游计划和导游讲解。日程安排及每个参观游览点的具体导游方案，就是计划性的具体体现。

导游讲解除受到时间限制外，还受到地点的限制。如参观北京故宫这样的人文景观，一般旅游团需要三个小时左右，但对有组织的专业旅游团来说，这远远不够，有时需要花两三天时间；有个别旅游团在北京只逗留两天，甚至一天，参观故宫只能花一个小时；而对这样一个范围广、内容丰富的旅游点来说，时间太紧。这就需要导游人员根据特定的时间和地点进行导游讲解：时间富裕时，就进行较详细的讲解，也可以多参观些景点；时间紧张时，就讲解得简要些，少参观些景点。因此，在导游讲解时，导游人员必须考虑时空条件，要预先科学地做出安排，做到有张有弛、主次分明、动观和静观结合、导与游配合；讲解得详细而不使人感到时间冗长，讲解得简要而不使人感到短促。总之，如果导游人员不考虑参观点的范围和地形，不考虑参观时间的长短，在导游讲解上缺乏计划性，则难以收到良好的导游效果，从而影响整个旅游活动计划的正常进行。

3. 灵活性原则

所谓灵活性，就是因人而异、因时制宜、因地制宜。游览活动多受人际、天时、地理、交通等多种因素的影响和限制；所谓最佳时间、最佳路线、最佳旅游点，都是相对而言的；客观上，最佳条件，如缺少完美的导游艺术的运用和发挥，导游效果就会逊色。因此，导游人员应根据旅游者不同的审美情趣、旅游点不同的美学特征，以及不同的季节、气候、场合，灵活运用具体的导游方法。导游方法贵在灵活，妙在变化。灵活还在于触景生情、随机应变。特别是沿路导游，不能千篇一律，讲解内容应“信手拈来，妙趣横生”。

（四）广安人文旅游资源的概况

广安的人文景观有 100 余处。其中，包括国家级文物保护单位邓小平故居、安丙墓，省级文物保护广安白塔、城南镇三合村灵宝山摩崖石刻及古桥。此外，还有市级文物保护单位 19 处，县级文物保护单位 87 处。文物古迹以清代为多，有 50 余处；其次是宋、明时期的，计 22 处；另有少量东汉崖墓、隋唐造像及题刻、近现代景观等 8 处。

（五）广安典型人文旅游资源

革命纪念遗址——华蓥山

华蓥山国家地质公园内，有游击队活动留下的很多遗址。这里距离邓小平故居 10 多公里，20 世纪 30 年代地下党点燃的华蓥烽火，40 年代爆发的华蓥山武装起义等闻名遐迩，人们熟悉的双枪老太婆的传奇故事也发生于此。华蓥山国家地质公园见证了腥风血雨的峥嵘岁月，具有很高的革命传统教育价值。

抗日战争期间，中国共产党在重庆创办的《新华日报》为抗日救国运动做出了重大贡献。在周恩来同志的领导下，《新华日报》成为国统区人民喜爱的报纸，却被蒋介石视为眼中钉。蒋介石采取多种措施控制纸张的供应，遏制《新华日报》的发行。为此，周恩来同志指示：自己开办纸厂。1940 年 3 月，《新华日报》社派苏芸、王帮藻、谢世荣等人，以商人身份到华蓥山一带选厂址，最后确定为华蓥山的晶然山（现小山坝）丁家坪一带。华蓥山游击队发动当地群众，就地取材，在很短的时间内就生产出了大批高质量的印刷用纸，通过地下党员杨玉枢、丁鹏武等经渠江秘密安全地运送到重庆，保证了《新华日报》和《群众》周刊的用纸，粉碎了敌人破坏抗战的阴谋。

七、课后作业

通过参考教师教学课件，从课程教学资源库及互联网查找资料，学生分组制作遗址遗迹旅游资源 PPT。要求：各小组的选择应不一样，最终涵盖七类历史遗址遗迹旅游资源。

任务二　广安古建筑与设施旅游资源

一、任务准备

（一）任务目标

（1）了解广安古建筑与设施旅游资源的概念、类别、成因及形态特征。

（2）能识别广安的古建筑与设施旅游资源，简单分析其旅游价值。

（3）通过了解广安主要的古建筑与设施旅游资源的基本特征、旅游价值与分布状况，培养这类人文旅游资源信息的采集能力和识别能力；具有古建筑与设施旅游资源旅游价值分析及评价能力。

（4）培养讲解词的撰写能力（从表象感知、知识认知、理念感悟等方面着手）。

（5）具有自主学习的能力，即景导游能力；收集信息、查阅资料能力；根据已有知识进行重构和创新的能力；较强的逻辑思维能力。

（二）任务场景

安辑所带领的老年团游览了邓小平故居景区,下一站准备游览肖溪古镇。如果你是安辑，将怎样准备、介绍和讲解呢？如果接的是大学生团、小学生团，又该如何介绍？在游览了肖溪古镇后，有游客要求安辑介绍更多的古建筑设施旅游资源，你认为他该介绍些什么呢？

二、任务分析

要介绍广安的古建筑与设施旅游资源，先要明确这类人文旅游资源的类型，再采录相关信息并在此基础上进行整理分析，编写导游词。在收集的时候要明确收集类别，可采用分组的方式。

三、任务分派

学生每 5 人成立一个小组（可根据班级情况进行调整，一般小组人数不宜过多），选取一名成员作为小组组长（可自荐或由小组成员推荐），各小组成员各自接受任务并开展调研。

（一）个人任务

调研，完成表 5.3。

表 5.3

古建筑与设施旅游资源	类　型	地理位置	修建时间	级　别	备　注

（二）小组任务

（1）小组成员调查广安人文旅游资源的古建筑与设施旅游资源。

（2）小组成员根据收集信息对古建筑与设施旅游资源进行分类。

（3）小组成员对老年团游客群体的特征进行侧重点分析。

（4）形成成果报告（手写或打印）。

四、任务实施

1. 个人实施

通过现场考察、网络收集、查阅书籍等方法收集广安人文旅游资源中的古建筑与设施旅游资源相关信息，完成表格。

2. 小组实施

小组通过讨论确定对老年团古建筑与设施介绍点的安排方案。

五、任务总结

由任课教师从广安古建筑与设施旅游资源类型、区别特征等方面对各小组调研报告及实施方案进行总体评价。

六、知识总结：广安古建筑与设施旅游资源

（一）古建筑与设施旅游资源的概念

古建筑泛指现存的各类有历史价值的建筑物、构建物、街区、村落、城市的旧城区乃至整个古城。它是古代先民在从事农牧业生产和探索自然环境变化规律背景下形成的，是古代社会一定历史的缩影。凡能吸引旅游者前往观赏，并产生经济效益和社会效益的古建筑，都可视为古建筑旅游资源。

（二）广安古建筑与设施旅游资源的概况

广安目前的古建筑与设施主要包括兴国寺、广安白塔、南宋民俗文化村，顾县古镇、肖溪古镇（AA)、协兴古镇、顾县古镇、沿口古镇等。

（三）广安典型古建筑与设施旅游资源

明清古镇——肖溪古镇

广安区肖溪古镇是国家 2A 级旅游区。近说古镇始建于明末清初，虽不算久远，但也有四五百年的历史了。远说肖溪的定光岩摩崖造像和冲相寺，可追溯到晋朝，至今已有 1 800 年的历史，特别是在隋、唐时期达到了鼎盛。肖溪镇位于广安市广安区东北部，与达州市的渠县交界，距邓小平故居约 60 公里，幅员面积 64 平方公里，人口 4.5 万。肖溪古代称为“龙凤洲”，明末清初湖广填四川时，有肖姓移民于此，故称肖家溪，肖溪镇因此得名。

从广安市出发到肖溪古镇，虽然只有 60 余公里，但一路却要经过广福、北辰、协兴、彭家、悦来、兴平、杨坪、井河、花桥、龙台等十个乡镇和办事处。其间的协兴镇是邓小平同志的故乡，花桥镇是广安历代重镇，过去有“一花二代三观阁”之说。龙台镇是国民党杨森将军的故乡，杨森故居现部分保留。肖溪的历史文化名胜和自然景观众多，数不胜数。但最为主要的可算是“十古一江”。十古是：古道、古镇、古街、古桥、古匾、古寺庙、古石刻、古崖窟、古城和古墓葬。一江自然就是风光美丽的渠江了。现在我们就顺着这“十古一江”一一做介绍。

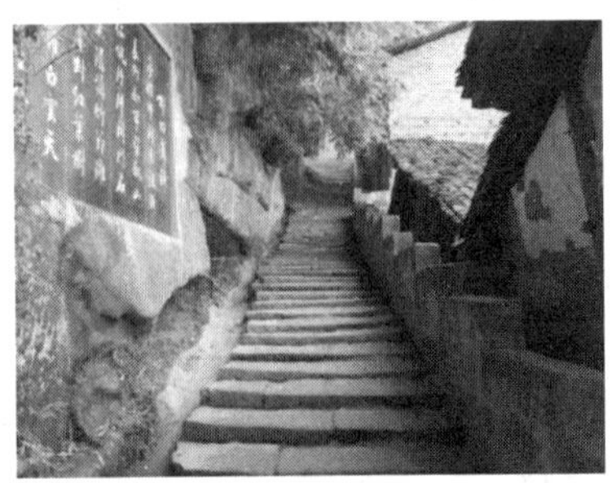

1. 古　道

自肖溪有了水码头，就有了这条古道，它是历史上巴渝古道（巴中至重庆）的咽喉所在。从钟家岩开始，自上而下步入石板古

道上，首先映入眼帘的是一个直径约七八米的奇石。由于它的形状既像一口古代的圆形大钟，又酷似一面偌大的鼓，“钟鼓石”由此而得名。它是大自然鬼斧神工的经典作品，留给后人许多美丽动听的传说。顺钟鼓石而下约 30 米处，是一块看似碑座、实际无碑的“无字碑”。自古以来，无论是碑还是匾，总是用以纪念重大事件、人物或特殊日期，并且只能用文字来体现是何种碑匾。然而古道上的这块碑匾却与众不同，你在它上面找不出半个字来，你们知道这是为什么吗？原来，传说很久以前，由于暴雨成灾，渠江洪水猛涨，最高水位到达这块碑座处，水位离现在的渠江水面足有 50 米。由于洪水泛滥，暴雨成灾，百姓苦不堪言，人们生命财产的损失是无法用文字和语言来表达的，所以后人为记住这次洪水的苦难，便立下了这块无字碑。再顺碑而下，也就到了古镇，在与古镇连接的这段古道，至今仍保留着人们逢场赶集以路代市的传统，大家可以体验一下边走路边赶集的风味。

2. 古　镇

游完古道，我们来到古镇。肖溪古镇前面我们已提到，它始建于明朝末年和清朝初，距今已有 400 余年的历史，自始建后，一直沿建到民国时期，才形成今天的规模。按建筑风格可分为两大部分：一部分为明末清初的古镇，另一部分是民国时期中西合璧的老街和半边街。整个古镇大致是南北走向，全长约 750 米，古镇老街由一座古桥所连接。1993 年以后，为了保护古镇，发展肖溪，当地政府在钟家岩上规划新建了集镇新区，就是肖溪镇政府现在的所在地。目前，肖溪古镇被列为四川省重点小城镇。肖溪古镇总建筑面积为一万多平方米，其规模之大，规划之合理，建筑之精良，风格之独特堪称川东一绝。大家进入古道前的钟家岩上可以纵观它的全貌（提问：有谁发现它的全貌像什么）。原来人们远观古镇的全貌像一条船。据专家介绍，这样船形的古镇在四川有两座，一座是在川西某河的岛上，称为水船；另一座就是在渠江岸上的肖溪镇，称为旱船。两条船一东一西遥相呼应，可谓比翼双飞的牛郎织女。

3. 古　街

肖溪古镇的街道与其他古街不同，它呈流线型南北走向，南至钟家岩，北临响水溪，全长约 450 米，西高东低，依山而筑，呈逐级递建多进式布局，街面用青石板铺砌而成，南北段略向西延伸。它最大的特点是，南北两头狭窄，中间宽阔。街房系穿逗木梁架结构，小青瓦屋面，单檐悬山式屋顶，分一楼一底和平房两种。左右阶沿形成风格独特的宽敞长廊。中间的街面并无商摊店铺，只是来往过道，集市贸易都在两边屋檐下，由于檐廊宽敞，素有“雨不湿衣，日不当阳”之特色。古镇的这条古街至今仍是逢场赶集的闹市。平时每逢集日，便有四面八方的人们来此品茶休闲，听书看戏。古时镇上还有观音庙、王爷庙和禹王宫等三座寺庙，人们时常来这里烧香拜佛，求个平安吉利，街上茶房、戏楼、酒店、餐馆、旅社齐全。特别是肖溪古镇还有不少独特的风味小吃和美味佳肴，如肖溪高梁粑、叶儿粑、粉蒸鲢鱼，大河五指鲫鱼、黄花鸡、腌腊肉等。过去，达州、渠县上游一带凡到重庆者，都必经此地，不少人会在此住上一宿，品尝一下美酒佳肴。肖溪古镇街道是民国时期建的街道，体现了中西合璧的特色，街道石板铺面，街宽 10 米；街房中式结构，西式壁窗，有的房屋至今仍有保存完好的走马转角楼梯。与老街连接的还有半边街，当年的禹王宫和保存完好的数百块古匾就坐落在那里。

4. 古　桥

古桥，即古维新桥，就是连接古镇和老街的石拱桥——维新桥。该桥位于响水溪上，全长约 60 米。由于它是在清朝道光元年（1820 年）建造的，早于戊戌维新运动（1898 年），故有人说肖溪为清朝维新变法运动的发源地。桥两边栏上嵌有戏剧人物浮雕，两边刻有龙头龙尾，琢工精细，人物栩栩如生，艺术价值颇高。很多年前，桥下还可荡桨划船。桥的一端有一棵古老的黄桷树，树根奇特，树冠宽大，树干还倚着一户居民小屋。维新古桥建造风格古朴，坚固美观，虽然历经了数百年风雨沧桑，人行马过，洪水冲袭，但仍傲然屹立，直到今天仍是古镇老街与新街、半边街连接的唯一通道。

5. 古　匾

肖溪古镇的禹王宫，在新中国成立后成了当地的粮站。宫殿的正殿早已被拆，现保存的只是左右厢房，穿逗结构，小青瓦屋面，单檐悬山式屋顶。地面全是保存下来的墓碑、牌匾。这些古匾牌全是来自当地大户人家，据说是当年在“破四旧，立四新”时把这些大房人家的牌匾搜集到一起，有的做了楼板，有的做了仓板，但大多保存完好，现保存的有近 200 块。碑匾上字体多样，书写工整流畅，有的龙飞凤舞，有的端庄高雅，功底不凡，可以说是近代书法雕刻艺术的一个窗口。它反映了肖溪古镇这座文化古镇名不虚传，是历史的佐证。走出禹王宫来到半边街的石板道上，大家还会发现有许多石碑铺于路面，这些都是难得的历史文化艺术瑰宝，将留给后人无尽的观赏和想象空间。

6. 古寺庙

肖溪镇是古代战略要冲，是许多朝代兵家必经之地，同时自古以来也是佛教圣地之一。这里古寺庙、摩崖佛像众多，如观音庙、王爷庙、禹王宫、冲相寺等。在古镇上游览了王爷庙、禹王宫的遗址之后，再来到冲相寺，冲相寺离古镇只有 3 公里，但它的历史却比古镇更加悠久。冲相寺在晋朝时被称为灵山，梁周时叫做药寺，隋开皇八年，即公元 588 年，当时的流江郡守袁君，赐名为“冲相寺”。知道为什么叫冲相寺吗？其实冲相在中国古代有很多，因为冲相寺后的摩崖造像，远在晋朝时就为香火旺盛的灵山定光古佛道场，隋唐时又增添了大量佛刻，唐朝又是我国历史上雕刻塑像的鼎盛时期，为了保护这些佛像，便修建了这座寺庙。由于这里是古代战略要冲，所以叫冲相寺。冲相寺原由大雄宝殿、天王殿及左右厢房组成，规模非常之宏大，现保存下来的仅为大雄宝殿及左厢房。2000 年以前，这里有 7 户农民居住，为了保护和开发冲相寺，当地政府组织搬迁了农户，对冲相寺进行维修，重塑了佛像。冲相寺的重建及维修，有碑记载，大家可以观赏。

7. 古石刻

肖溪古镇的古石刻也随处可见。如古镇街口的“南无阿弥陀佛”石刻，还有距肖溪镇西 4 公里的石垭口观音岩上，有造像 11 龛 17 尊，石刻题记 4 幅，其中“山王菩萨”“牛王菩萨”尤为壮观。但最早、最壮观的就是冲相寺的定光岩摩崖造像。现存序列编号为 50 龛，各种造像 400 余尊，还有各个时期的题刻 30 余幅，如此规模的造像群尚属国内罕见。这里的造像主要是隋朝和唐朝时期所开凿。其中，隋代造像现存 15 龛，佛像 100 余尊，唐代造像

33龛，佛像300余尊。造像主要有：佛、一佛二弟子、二菩萨二力士、一佛二菩萨、菩萨、和尚崖刻墓、一佛二僧二菩萨、七佛、净土变、菩萨弟子及部众像等。考/试大/造像的龛制，隋代多为拱形，唐代既有拱形，又有方形，龛楣装饰有七佛或卷草珠帘纹等。龛的大小不等，大的有3至4米，小的只有几十厘米，一般多为1.5米左右。摩崖上的题记石刻，从唐、宋、明、清到民国时期的都有。此外，定光岩上还有宋代墓葬和古崖墓葬。现存造像的头部在“文化大革命”期间均被破坏，唯有顶上的太阳菩萨保存完好。为什么太阳菩萨会被保存下来？说来这里有一个鲜为人知的故事。原来，在“文化大革命”期间破“四旧”，历经一千多年的冲相寺摩崖造像在一天之内被砸得稀烂，仅剩定光岩最高处的太阳菩萨未被砸，红卫兵小将们见天色已晚，准备第二天一早从紧靠太阳菩萨的黄桷树上爬过去，消灭最后一个菩萨，谁知当晚雷电交加，狂风大作，上百年的大黄桷树连根吹倒，偏离佛像数米远，等风停雨住红卫兵扛着钢钎、铁锤来到定光岩下时，已只能摇头叹气，无可奈何，太阳菩萨在史无前例的浩劫中得以保存下来，当地人认为是太阳菩萨显灵。

8. 古崖窟

定光岩的古崖窟，主要为古时和尚墓葬。现保存完好的一座崖窟，酷似一座房屋，屋檐屋顶惟妙惟肖，形象逼真，琢工甚巧，可谓古代岩墓之一绝。现定光岩上尚存古崖窟数个。此外，在其他地方也还保存着一些造型各异的古崖窟。

9. 古　城

广安历史上最早建县是在公元522年，名叫始安县。始安县即古城遗址。经考证，隋朝古城的遗址就在肖溪镇西南2公里的王坪村，面积方圆数里。当时的始安县由宕渠县分出部分地域建立。隋开皇十八年，即公元598年，始安县改为城县，隋炀帝大业元年，即公元605年，城县治所迁至现在的肖溪镇王坪村。由此可见肖溪古镇在历史上所处的重要地理位置。站在定光岩顶上，可见冲相寺三面临渠江，环抱着一个九合壁的风水宝地。传说三国时期刘备曾派人到这里查勘地形，准备建都。

10. 古墓葬

肖溪的古墓很多，如岩墓、僧墓等。但最具代表性的是清代武德骑尉，其妻诰封为四品夫人。杨仪亭所在葬墓为石室墓，墓地位于肖溪镇的齐寨村，墓地坐北朝南，建于清光绪年间，五开间，墓碑高6米，宽10米，周长36

米，仿木结构三重檐，雕刻人物、花卉、瑞兽等图案 32 幅，十分精美，保存完好，现为县级文物保护单位，离古镇约 5 公里。

11. 一　江

所谓肖溪古镇的一江，就是风光秀美的渠江。渠江发源于陕西省的米仓山，流经川东至合川市汇入嘉陵江，全长 830 公里。其中，流经广安境内达 190 余公里。渠江是嘉陵江的一级支流，长江的二级支流。渠江经渠县流经肖溪镇勤劳村进入广安境内。肖溪古镇所在的渠江段，水流清澈，无任何污染，水域辽阔，水面最宽处达 1 公里。江内生长的边鱼、岩鱼、青波、鲢鱼、鲤鱼、鲫鱼、白鳝等大河鱼肉嫩味鲜，食后令人流连忘返。特别是肖溪的粉蒸鲢鱼、河滩鱼、五指鲫鱼等闻名遐迩，来者必食。渠江岸上生产的胭脂萝卜，色泽鲜艳，红似胭脂，是腌菜、泡菜的独特原料。游览渠江风光，能让你大饱眼福口福。

【学法指导】

在采录广安古建筑设施旅游资源时，要先掌握不同古建筑的格局和特色以及功能，熟悉各个建筑设施的发展历程，收集整理出广安古建筑与设施的典型代表。在导游词解说古建筑与设施旅游资源时要把握重点，即古建筑与设施形成的历史文化背景和特征。针对重点，采取案例导学法，增强参与性、趣味性，帮助学生建构新知识。介绍明清古镇——肖溪古镇时，可以采用总述再按照方位一一介绍，以明清古镇——肖溪古镇为起点按照一定的逻辑顺序分别介绍，介绍时插入一些历史背景、建筑风格等。

【阅读延伸】

中国现有古镇 220 家，其中热门古镇 17 家，截至 2013 年，被联合国教科文组织列入世界文化遗产名录的古镇有：平遥古城、丽江古城、皖南古城西递和宏村、开平碉楼与村落。

依据古镇所处的地域特点，可将其细分为：小巧精致的江南古镇、大家风范的徽派古镇，隽秀鲜活的闽粤古镇、清新灵逸的湘西古镇、质朴无华的西北古镇、另类浪漫的川渝古镇。

按古镇的形成原因与社会功能，还可将其细分为：聚落型民居、区域经济贸易中心、资源型或资源-产业型集镇、军事重镇和文化景观型集镇等。

古镇，一般指有着百年以上历史的，供集中居住的建筑群。中国历史悠久，广阔土地上有着很多文化底蕴深厚的古镇。

平遥古城

关于平遥，只要曾深入到平遥每一寸土地中的游者都会感慨良多。那保存完好的古城墙，明清时代遗留的建筑，以及曾经显赫的全国金融中心的地位，无疑能激起人们对过去辉煌岁月的向往。也许正因为这种油然而生的向往，才会有越来越多的人对这些古老的历史感兴趣，如一个虔诚的朝圣者般来到这位“老人”跟前，仰望着他神圣的光芒。

平遥景点：城隍庙、财神庙、协同庆钱庄、博物馆、镇国寺、平遥县衙博物馆、文庙学宫博物馆、双林寺、彩塑艺术馆、乔家大院。

丽江古城

丽江市位于云南省西北部云贵高原与青藏高原的连接部位。市区中心海拔高度为 2 418 米，与同为第二批国家历史文化名城的四川阆中、山西平遥、安徽歙县并称为“保存最为完好的四大古城”。古城北依象眠山，西枕狮子山，南临文笔山，翠峰如屏。以不筑城墙而驰名，因为古代丽东世袭的土司姓木，若筑城墙，木字加上框便成为“困”字，因而古城没有城墙。玉泉水自城东北黑龙潭涌出，沿街分流，走巷串户，常年清流，有“户户朝阳，家家流水”的高原水城风貌。

开平赤坎古城

赤坎古城位于广东省开平市赤坎镇上埠，建于 2004 年，面积 6 000 多平方米，整体建筑按照电视剧《三家巷》的剧情、场景进行设计和建造，主要建筑包括“洋买办”的陈家洋楼、封建地主何家的大宅和小市民阶层的周家民宅，并设有当时的警察局、地下党活动场所等，完

全按照 20 世纪 20 年代的建筑风格兴建。影视城与东边成名的骑楼式古建筑群巧妙地融合成一体，丰富了“欧陆风情街”的建筑文化和历史内涵，使这座古城更具有迷人的风采。

古城西递和宏村

西递是黄山市最具代表性的古民居旅游景点，坐落于黄山南麓，距屯溪 54 公里，距黄山风景区仅 40 公里，距黟县县城 8 公里。该村东西长 700 米，南北宽 300 米，居民三百余户，人口一千多。因村边有水西流，又因古有递送邮件的驿站，故而得名“西递”，素有“桃花源里人家”之称。宏村位于黟县城西北角，距屯溪 65 公里，距黟县县城 11 公里。该村始建于北宋，距今已有近千年历史，原为汪姓聚居之地。村内鳞次栉比的层楼叠院与旖旎的湖光山色交相辉映，动静相宜，空灵蕴藉，处处是景，步步入画。从村外自然环境到村内的水系、街道、建筑，甚至室内布置都完整地保存着古村落的原始状态，没有丝毫现代文明的迹象。造型独特并拥有绝妙田园风光的宏村被誉为“中国画里乡村”。

七、课后作业

通过参考教师教学课件，从课程教学资源库及互联网查找资料，学生分组制作古建筑旅游资源 PPT，撰写不低于 350 字的讲解词。要求：各小组的选择应不一样，最终涵盖五类古建筑旅游资源，人人都要讲解考核。

任务三　广安旅游商品资源采集与讲解

一、任务准备

（一）任务目标

（1）知识目标：了解旅游商品的概念、基本特征及旅游价值；了解旅游商品与一般商品的区别。

（2）能力目标：具有广安旅游商品资源识别能力和信息采集能力；具有旅游商品价值分析和评价能力；具有科学讲解旅游商品资源能力。

（3）情感目标：通过广安旅游商品资源信息采集和讲解能力的训练，激发学生的学习热情，培养学生探索精神以及对专业的喜爱。

（二）任务场景

安辑带领的老干部团游览了华蓥山石林景区，第二天准备游览邓小平景区，他打算亲自给游客讲解。如果你是安辑，将怎样准备、介绍和讲解呢？如果接的是大学生团、小学生团，又该如何介绍？在游览了邓小平故里后，游客要求安辑推荐介绍更多的广安人文旅游资源。旅游商品资源作为人文旅游资源中的重要组成部分，你认为在介绍广安旅游商品资源时他该介绍些什么呢？

二、任务分析

根据旅游行程安排，深入分析游客的特征，科学采集和讲解广安旅游商品资源，增强旅游消费者对广安这一旅游目的地的亲近和喜爱，满足旅游消费者对广安旅游商品的认知和购物需求。

三、任务分派

学生每 5 人成立一个小组（可根据班级情况进行调整，一般小组人数不宜过多），选取一名成员作为小组组长（可自荐或由小组成员推荐），小组成员各自接受任务并开展调研。

个人任务：课下调研，完成表 5.4。

表 5.4

商品名称	产地	产品特征	质量认证	制作工艺	包装工艺	价值或用途	销量和影响	零售价格	购买地点	售后服务

小组任务：课上讨论。

（1）小组成员调查广安旅游商品。

（2）小组成员对比分析各旅游商品的竞争优势，每类产品找出一种最富竞争力的拳头产品。

（3）分析来广安旅游的老干部团的购物需求。

（4）分析广安旅游商品满足老干部团购物需求（或潜在需求）的情况。

（5）形成成果报告（手写或打印）。

四、任务实施

（1）小组指定人员向全班汇报调研成果，包括广安旅游商品、老干部团的购物需求以及广安旅游商品满足老干部团购物需求的情况。

（2）根据调研和分析报告，向全班做一次关于为老干部购物需求定制的广安旅游商品讲解。

五、任务总结

由任课教师从广安旅游商品现状、影响老干部旅游团购物因素等方面对各小组调研报告及讲解情况进行总体评价。

六、知识总结

（一）旅游商品概述

旅游商品是旅游业的重要组成部分。旅行社、交通、饭店、旅游商品被称为旅游业的四大支柱行业。旅游商品指旅游地向旅游者提供的、以物质形态存在的商品，它是旅游者在旅游活动中购买的具有国家、地区或民族特色的物质产品。

旅游商品承载了满足旅游者购物需求和传播旅游地形象的双重价值。一件精美的旅游商品能激发旅游者的美好回忆，显示旅游者的生活经历，可使旅游者长期保存或乐于赠送亲友，乐于向周围社会介绍。对旅游地形象的传播是一个很好的渠道，有助于扩大旅游地的知名度。大多数国内外游客真正感兴趣、愿意购买的是那些特色鲜明、有一定档次、经济实惠的旅游商品。纪念性、艺术性、实用性、收藏性等是旅游商品应具备的基本特征。

【延伸阅读】

旅游商品与其他商品的不同之处在于：首先，两者的服务对象不同。旅游商品使用对象是旅游者，而其他商品的使用对象是广大民众，是为了满足日常生活的需要。其次，两者在物品的档次、品种、特色等方面不同。旅游商品的档次、品种、特色和品位较高，注重于文化性、艺术性、民族性、纪念性，而一般商品更注重于实用性和经济性。再次，销售网点布局、设备设施不同。销售网点不一，旅游商品销售网点多在旅游胜地、旅游城市的繁华地区、宾馆饭店、购物商场或名胜古迹附近；一般商品的销售网点分布广泛、均匀，都在城乡居民区。最后，各旅游商品多使用新材料、新工艺，批量少，且更新快，而一般商品批量大，相对较稳定。

旅游商品的品种繁多，规格各异。旅游商品大致划分为以下六大类：

1. 旅游日用品

旅游日用品指旅游者在旅游活动中所购买的具有实用价值的旅游小商品。如旅游鞋帽、日用化妆品、旅游包、地图指南、急救药品等。

2. 旅游食品

如风味食品、小吃、方便食品等。

3. 文物古玩

如我国笔、墨、纸、砚“文房四宝”，出土文物复制品、碑帖、拓片以及不属国家严禁出口的古玩等。

4. 旅游工艺品

该大类商品主要有：雕塑工艺品，包括玉雕、牙雕、石雕、木雕、竹雕、煤精雕以及装饰工艺品、泥塑等塑类工艺品；陶瓷工艺品；金属工艺品，包括金银铜摆件、工艺刀剑等；漆器工艺品，主要品种有雕漆、金漆、脱胎漆等；编织工艺品，主要指利用各地各种天然植物作为原料，经手工编织而成的工艺品，如草编、竹编、藤编、柳编、棕编等；花画工艺品，包括绢花、绒花、塑料花、羽毛花等工艺花，还有国画、油圆、以雕画、软木画等工艺画；民间工艺品，包括风筝、剪纸、皮影等；抽纱、染织、地毯、刺绣工艺品；工艺伞扇、剧装道具、各种玩具等。

5. 旅游纪念品

旅游纪念品指以旅游点的文化古迹或自然风光为题材，利用当地特有的原料，体现当地传统工艺和风格，富有纪念意义的小型纪念品。

6. 土特产品

如我国的名茶、名酒、中成药等有地方特色的产品。

（二）广安旅游商品

广安旅游商品种类繁多，已开发形成风味食品、旅游纪念品、土特产、旅游日用品四大类300余种旅游商品。主要产品有邓家菜、宝箴寨段氏特色宴、华蓥山游击队套餐、武胜渣渣鱼等名菜佳肴，岳池米粉、麻哥面、肉汤圆、中和豆花等风味小吃；有邓小平座式铜像、邓小平陶瓷塑像、头像、挂盘、书籍等邓小平主题文化系列纪念品，竹雕、根雕、太极宝剑、竹丝画帘、剪纸等工艺纪念品；沿口菜刀、竹席、竹垫等竹制品等日用品；广安盐皮蛋、麻辣牛肉、豆干、香盐蛋、广安龙安柚、葡萄、邻水脐橙、黄花梨、禄市绿壳鸡蛋、华蓥山蕨菜、薇菜、木耳、竹笋、山药、各类茶叶等土特产品。

1. 名菜佳肴

广安美食佳肴丰富，兼具川渝特色，形成了独特的地方风味。

邓家菜

邓家菜是邓小平的家庭招待客人的菜谱，独具川东风味。邓家菜的主要特点是菜肴丰富，经济实惠，凉、炒、炖、蒸、烩齐全，老少皆宜；主要菜品有八个：凉拌瘦肉片与糯米加糖垫底所蒸的“夹沙肉”，干咸菜蒸肉条，扣猪肉和独具广安特色的红苕粉用菜油炸后的“酥肉”，蒜苗加辣椒炒成的“回锅肉”，用地方豆类或萝卜笋子等炖成的“排骨汤”，大豆打成浆所炒的“莲渣闹”，邓家特色苞谷汤圆，最后一道是陈年咸菜，既是增加食欲的兴奋剂，又可一改油腻的口味。

宝箴寨段氏特色宴

明清两代，四川农民起义不断，社会长期动荡不安，1911年，武胜县农林乡方家沟村豪门段襄臣，出于“捍卫桑梓，保全身家”的目的，选择了宅院西侧山脊筑寨设防居家。段襄臣终年74岁，在当时属高寿，其延年益寿的秘诀，一方面是居住环境优美，修身养性；另一方面就是合理膳食，吃的是绿色食品。据传，段襄臣根据川菜饮食的特点，结合湖南客家菜，综合两家之所长，研究出了独具特色的段氏特色宴——八大碗。八大碗一概用笼子蒸出来，清淡味香，营养丰富，口感极好。

冒着热气的八大碗刚端上桌，清香扑鼻，叫人垂涎。如“粮草先行”，俗称烧白。选用本地青猪带皮五花肉块，洗净后放入沸水中煮至八分熟，捞起滤水，放入少许红糖的热锅中烫皮，取出晾凉，切成薄片，依次摆在盘中，洒上胡椒面、花椒面、姜末、酱油，最后洒上芽菜，然后放入锅中，隔水蒸1 小时，然后端出翻盘成菜。菜品的特点：味道鲜美，软烂，肥而不腻。如“抛砖引玉”，俗称糯米南瓜。将南瓜洗净削皮对半剖开，把南瓜子及南瓜瓤用小勺挖出。糯米用清水淘洗干净，再倒入足量的水（以完全浸没为准）浸泡三小时以上。将糯米的水分沥干，再重新倒入清水放入电饭锅中，加热煮制成糯米饭，然后填入切开南瓜中，并用小勺压实。将南瓜放入蒸锅中，用大火煮制 15 分钟。最后取出蒸好的南瓜，稍稍放至温热，再像切西瓜一样，切成小个即可。菜品的特点：南瓜色亮如蛋黄，鲜艳夺目，糯米粒粒如珍珠，带着淡淡的橙黄，吃起来丝丝甜。

华蓥山游击队套餐

套餐以当年游击队的生活餐为主，融入川东餐饮特色，包括手抓玉米粑、野战杂粮、天坑土鸡、老南瓜煨排骨、山椒笋、太婆酿肉等 10 多个菜品。主要采用华蓥山土特产品作原料，其原料绿色环保，菜品色泽鲜艳，荤素搭配合理，川味浓郁，汤汁清淡，具有利肠减肥之功效。

武胜“三巴汤”

沿口古镇是嘉陵江流域第二大回民聚居地，与武胜县城紧紧相依。由于武胜县回民众多，牛肉系列食品深受广大武胜人民的喜爱，“三巴汤”以牛的嘴巴、尾巴、牛鞭为原料，配搭适量的当归、沙参、大枣、枸杞、三芍等十几味中药，用土沙罐慢火煨炖 6 小时以上方可食用。刚出炉的“三巴汤”色鲜味美、清香宜人，具有活血生津、滋阴壮阳的独特功效。

肖溪粉蒸鲢鱼

肖溪的粉蒸鲢鱼堪称一绝，其色、香、味俱佳，是前往肖溪古镇游览的客人必须品尝的美味佳肴。将鲢鱼切成肉条，拌以米粉，米粉中加上辣椒面、花椒面、姜末等蒸而食之，上桌前再淋以芝麻油，撒上葱花即可。粉蒸鲢鱼肥美无碎刺，独具风味，口感极好。

武胜渣渣鱼

嘉陵江是长江最大的支流，从北至南纵贯武胜，境内全长117公里，“九曲回肠”的嘉陵江中盛产独特而丰富的各种天然鱼类。渣渣鱼选用嘉陵江中体型较小的大眼泡、船丁子、骨牌鱼、小鲫鱼、小鲤鱼等十余种天然鱼类为原料，通过取用鲜活的天然鱼类现剖以黄焖、干烧、红烧（麻辣）、煎炸为主的烹饪方式制作后供人食用。因该鱼取自江中，故是天然的绿色食品，又因其体型较小，故又俗称渣渣鱼。渣渣鱼色泽红润，肉质鲜嫩，骨刺酥软，食用后满口生香，回味无穷，是老少兼宜的天然补钙与强身健体佳品。

英雄会

英雄会，又名“阴雄烩”。此道菜是将取出的仔猪副产品反复洗净，佐以其他几十种配料猛火爆炒而成，成菜后色泽鲜艳，十里飘香且香味十分独特，食用后有滋阴壮阳的奇特功效。

桂兴羊肉

桂兴羊肉采用桂兴山区羊肉与猪筒子骨、老母鸡、鲫鱼熬汤，配枸杞、大枣、天麻、生姜、当归等二十多种原料秘烹而成，具有益气补虚、温中暖下、暖胃养肾的功效。

2. 特色小吃

在广安，岳池米粉、麻哥面、肉汤圆、中和豆花等也是游客不可错过的特色美食。

岳池米粉

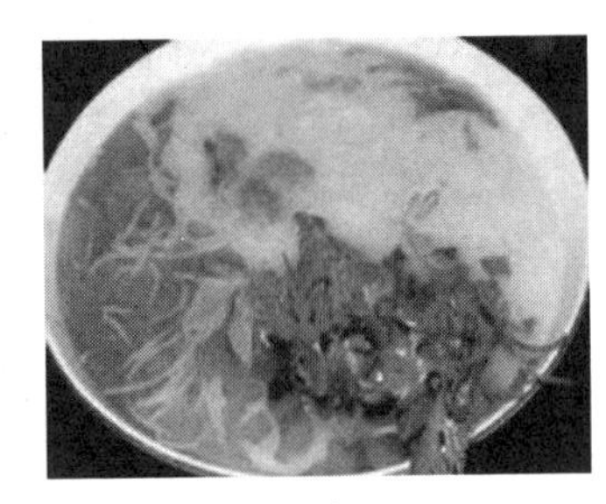

岳池米粉用岳池特产优质大米制成，有干米粉丝和水米粉丝。将干米粉丝放入盆加热水浸泡变软，再加冷水，用“U”型竹编滤沸水中汤熟，滤干水后盛于碗，加骨头汤、肉馅、红油、盐、葱、蒜、味精等调料即可待客佐餐，食之细绵爽口，回味无穷。岳池水米粉比干米粉更加细嫩爽口，易于消化，老少皆宜。

麻哥面

麻哥面是由武胜人首创，色泽亮丽、柔而不稠，味道独特，以“麻、辣、香、酥、鲜、嫩”而闻名，是武胜一大特色小吃。面条入沸锅断生即用竹笊篱捞起，劲甩两下去掉多余水分盛入碗中。淋入炼熟的菜籽油，趁热用筷子挑散和匀使之不起粘，随即淋上由酱油、多种香料秘制的油辣椒、花椒、冬菜末、炒熟碾成半碎的花生末、炒熟的芝麻、葱花挑拌均匀，在面上浇一勺炒香的肉臊即成，淋上骨汤则味更佳。

【延伸阅读】

麻哥面的传说：麻哥面是从一个美丽的传说而来的。从前有个叫麻哥的老实人，娶了一个美丽的妻子，但他妻子有病，胃口不开，麻哥就用他家祖传的煮面秘方天天煮面给妻子吃，妻子的病竟然好了。有一天，一阵狂风把他妻子卷走了，麻哥就到处寻妻，当他寻到四川武胜时，身上的盘缠用完了，就到一家面馆里卖面做伙计，他的好手艺使这家面馆的生意特别兴旺。而麻哥的妻子到处寻夫，也流落到武胜。一天，她听说城里有家面馆很有特色，思夫之绪就去吃面，面一上嘴，就觉得像出自丈夫之手，进去一看，原来真的是自己的丈夫。夫妻相见自然喜笑颜开。从此，这种面在川东乃至四川都远近闻名，人们亲切地称它为“麻哥面”，还有人叫它“鸳鸯面”。传说相互爱慕的男女，只要吃了这种面就会永结同心，白头偕老。

鸳鸯蒸饺

绞肉以酒、葱汁、姜汁、香油、盐等调料调匀，并加入切碎的荸荠、韭黄，拌成饺子馅。

特制的饺子皮不黏不粘，筋性极强又不露白碴，饺馅也绝不丝丝络络，牵牵连连。其味浓而不烈，清而不淡，不腥不膻，芬芳细切，气味悠长，令人回味。

邻水肉汤圆

邻水肉汤圆，其馅以调好佐料的精细猪瘦肉为主，汤也辅之以辣椒、味精、葱花等，吃起来别有一番风味。

中和豆花

中和镇的豆花店，县内外驰名。用石磨磨黄豆成豆浆，用纱布过滤，将豆浆倒入大锅煮沸，除去泡沫，将石膏磨成水，用饭勺均匀点滴入豆浆锅，灶里用文火，即成一锅豆花，舀豆花盛于碗，另用瓷碟装调料：红辣椒油、芝麻香油、青椒豆瓣、姜蒜泥、盐、芥末、葱花、熟芝麻。农家常以豆花下烧酒待客佐餐。

武胜凉粉锅盔

武胜凉粉锅盔分为两部分：一部分为外皮，一部分为内馅。外皮，精制面粉经发酵后反复揉搓成面团，再用面杖擀制圆形面皮，放在烙锅上微火烙制，面皮因发酵，烙制中自然分为囊空的上下两层，便于包裹内馅。烙好后，再放入炭炉内壁烘烤。内馅则是质细、柔嫩、筋力软绵、清香可口的凉粉，加上特制的红油、蒜泥、豆豉酱、姜末、花椒等调料。此品外皮酥脆焦嫩，内陷凉粉麻辣味足，一冷一热，相互调和，令人回味悠长。现在，武胜凉粉锅盔，已是远近闻名，成为武胜的一道名小吃。

3. 广安土特产

邓家盐皮蛋

邓家盐皮蛋起源于邓小平同志出生地四川广安市牌坊村，距今已有 300 多年历史。2004 年，蒋超创办了广安区佛手山食品有限公司，他拜请一位盐蛋腌制技术老人传技，老人将盐蛋腌制技术教会与他。经过蒋超的品牌推广，产品正式命为“邓家牌广安盐皮蛋”，并获准“邓家”“广安盐皮蛋” 商标注册。据说长期食用盐皮蛋的邓家人，大多聪慧长寿。中央电视台第七套《每日农经》，四川电视台“吃八方”，中央人民政府网，新闻网，中新社，新华社，四川省人民政府网，四川日报，四川政协报等多家媒体相继对“邓家”牌广安盐皮蛋从不同角度进行了宣传报道，“邓家”盐皮蛋已家喻户晓，成为广安旅游的品牌商品。

广安松针

广安松针，产于四川省广安市龙滩乡一带，是四川广安松针实业有限责任公司与西南农业大学联合研制开发的国家级新名茶，属特种绿茶类的针形芽茶。因茶芽白毫显露似雪松披霜，外形紧细挺拔匀直若针而得名，外形条索细紧圆直似针，色泽翠绿，白毫显露，汤色清澈明亮，香气高爽，滋味鲜醇，叶底嫩匀明亮。

龙安柚

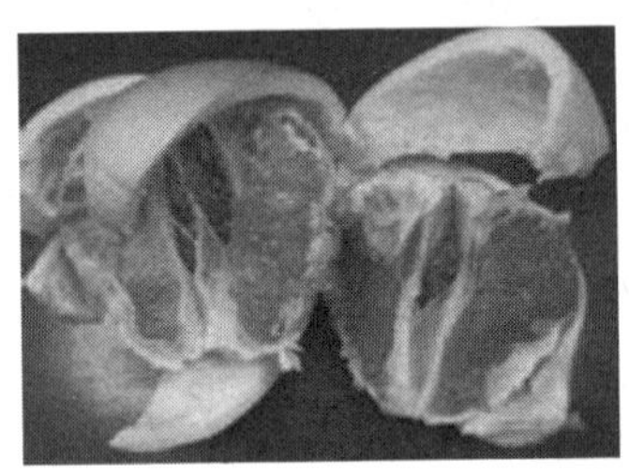

广安龙安柚是极具地方特色的柑橘名特产品。20 世纪 90 年代曾连续 3 年被评为省优果品，连续 4 次获全国优质柚类评比金杯奖，1995 年获第二届中国农业博览会金质奖。2008 年，龙安柚获准成为国家地理标志保护产品，从而成为少数几个柑橘类国家地理标志保护产品。龙安柚果实中大，长圆锥形或梨形，平均单果重 1 298.2 克，果顶平正，果皮黄橙色，汁胞粉红色，肉质脆嫩，酸甜适度，汁多，无核或少核，11 月中旬成熟。

醉仙牌麻辣牛肉

醉仙牌麻辣牛肉系列产品是驰名嘉陵江沿岸地区的名优食品，以其历史悠久，选料讲究，制作精细，风味独特而享有“杯前皇后”之美称。肉质艳色如火，晶莹透洁，有“浆纱为衣玉为肌”的风貌；用料讲究，制作精细，具有麻辣浓郁、酥香化渣、味美可口、回味无穷等特点，享有“百味之王”的美誉。

黄龙贡米

岳池县“黄龙贡米”产于海拔600米的岳池县黄龙山区，系棕紫色水稻，土质微软，胶体结构好，黏性强，田水终年混浊，泥融而稠，无污染，光、温、气、水等自然条件所产大米颗粒饱满，晶莹亮丽，食之绵软粘糯，口感好，富含铁、钙、锌、锶等元素。该米香气浓郁，含有锌、铁和多种维生素，口感粘糯滋润，因在历史上专供皇室食用而得名，是四川“四大名米”之一，曾获“中国农业西部博览会优质农产品”的称号。

西板豆豉

岳池西板豆豉，原名板桥五香豆豉。1890年陈庆如在油榨溪与人合伙办作坊，生产豆，因销路广，迁到西板乡，生产义兴源五香豆豉。制作时，先将黄豆杂物除尽，用清水泡胀，蒸熟后摊入蚕簸内放室内通风处发酵，半月后取出加适量米糟、白酒、食盐、花椒面及山柰、八角等五香粉，装入坛内密封，露天储存，一年后启用。豆豉色泽棕黄，软硬适度，香气扑鼻，味醇化渣。若存放三五年后，变成浓郁芳香的豆油，为上等调料。

永寿寺豆腐干

永寿寺始建于宋祥符二年（公元 1009 年），堪称武胜第一庙，庙内历代均为女僧，由于女僧长年吃斋，豆腐便成了她们的第一营养品。相传，庙内僧人为改变饮食结构，经反复实践，终于试制成功了永寿寺豆腐干，而今已历百余年。该豆腐干精选上等黄豆为主要原料，浆汁至少过滤两遍以上，做工精细，烘烤讲究，做出的豆腐干色泽美观，卤香中带有清香，淳厚中转微甜，回味绵长，居永寿寺三绝（豆腐干、豆瓣、素席）之首，实为现代旅游小吃之上品。

4. 工艺品

竹丝画帘

竹丝画帘是在精编的竹丝卷帘上绘画，通常运用具有传统特色的国画技法，其制作历史已逾千年。早在北宋年间，就被列为皇家贡品，素有“天下第一帘”之称。这种民间工艺于清光绪年间传入武胜县后，能工巧匠们在总结前人经验的基础上，对竹帘上绘画的技法进行了改进和创新，将刺绣工艺融入竹帘画中，形成了绣画结合的工艺特色，丰富了竹帘画的表现形式。

如今武胜竹丝画帘品种也呈现多样化，竹丝绣画帘、竹帘水彩画、丝绣手绢、丝绣围巾、玻璃画……曾经的朝廷贡品已飞入寻常百姓家中，成为美化家居、馈赠亲友、收藏留念的佳品，远销美国、日本、东南亚等国家和地区。2000 年，武胜县飞龙镇被文化部命名为“中国民间艺术（竹丝画帘）之乡”。

5. 旅游纪念品

上图依次为邓小平福字拓片（吉祥号）、福字堆沙金（大）、青磁盘、邓小平诞辰100周年纪念表、《丰碑》精装、《邓垦书法集》。

七、课后作业

（1）广安各类旅游商品资源的旅游价值主要体现在哪些方面？

（2）如何根据游客的兴趣点，有选择地讲解广安旅游商品资源？

任务四　广安人文活动旅游资源采集与讲解

一、任务准备

（一）任务目标

（1）知识目标：了解人文活动旅游资源的概念、基本特征、分类及旅游价值。

（2）能力目标：具有广安人文活动旅游资源的识别能力和信息采集能力；具有广安人文活动旅游资源的价值分析和评价能力；具有科学讲解人文活动旅游资源能力。

（3）情感目标：通过广安人文活动旅游资源信息采集和讲解能力的训练，激发学生的学习热情，培养学生的探索精神以及对专业的喜爱。

（二）任务场景

安辑带领的老干部团游览了华蓥山石林景区，第二天准备游览邓小平景区，他还打算亲自给游客讲解。如果你是安辑，将怎样准备、介绍和讲解呢？如果接的是大学生团、小学生团，又该如何介绍？在游览了邓小平故里后，游客要求安辑推荐介绍更多的广安人文旅游资源。人文活动作为人文旅游资源中的重要组成部分，你认为在介绍广安人文活动旅游资源时他该介绍些什么呢？

二、任务分析

根据旅游行程安排，深入分析游客的特征，科学讲解广安人文活动旅游资源，激发旅游消费者参与人文活动的欲望，增强旅游消费者对广安这一旅游目的地的亲近和喜爱，满足旅游消费者对广安人文活动的认知、参与和体验需求。

三、任务分派

学生每 5 人成立一个小组（可根据班级情况进行调整，小组人数一般不宜过多），选取一名成员作为小组组长（可自荐或由小组成员推荐），小组成员各自接受任务并展开调研。

个人任务：课下调研，完成表 5.5。

表 5.5

活动名称	主办单位	活动背景与意义	活动要求	活动内容与精彩细节	报名条件	活动期间食宿	备　注

小组任务：课上讨论。

（1）小组成员调查广安人文活动旅游资源。

（2）小组成员对比分析各种人文活动旅游资源，分析总结各种人文活动旅游的特点与亮点。

（3）分析总结以前来广安旅游的各老干部团对人文活动的偏好。

（4）分析广安人文活动旅游资源满足老干部团需求（或潜在需求）偏好的情况。

（5）形成成果报告（手写或打印）。

四、任务实施

（1）小组指定人员向全班汇报调研成果（包括广安人文旅游资源、老干部团需求偏好、广安人文活动旅游资源满足老干部团需求偏好的情况等）。

（2）根据调研和分析报告，向全班做一次关于为老干部对人文旅游活动的特殊偏好定制的广安人文活动旅游资源讲解。

五、任务总结

由任课教师从广安人文活动旅游资源、老干部旅游团参与广安人文旅游活动的现状以及潜在需求等方面对各小组调研报告及讲解情况进行总体评价。

六、知识总结：广安人文活动旅游资源

（一）人文活动旅游资源概述

人文活动旅游资源是指那些以社会风情为主体，反映社会风貌、人文意识、人文教育以及人文文化等内容，可以被旅游业开发利用的活动性、过程性旅游资源。主要强调在人类文化的影响下，人类文化行为的过程性和传承性。人文活动具有社会政治性、民族文化性、地域差异性、形式多样性、展示体验性等旅游特征。中华民族在悠久的历史中传承下来的各种文化活动广阔而深厚，人文活动类旅游资源关键在于活动过程的组织，在于给游客提供活动过程设计，在于可参与程度及体验性。

人文活动主要分为人事记录（包括人物、事件）、艺术（文艺团体、文学艺术作品）、民间习俗（包括地方风俗与民间礼仪、民间节庆、民间演艺、民间健身活动与赛事、宗教活动、庙会与民间集会、饮食习俗、特色服饰等）和现代节庆（旅游节、文化节庆活动、商贸农事节、体育赛事活动）。

人文活动类旅游资源的旅游价值：首先，人文活动是文化参照的对象。“十里不同风，百里不同俗”，各民族各地区在长期中形成了鲜明、独特的民俗，在居住、饮食、服饰、生产、婚姻、家庭、村寨、节日、丧葬、信仰、风尚、礼仪、禁忌等方面都有自己的特色。游客出于对异域文化的好奇和认知心态，以不同的方式感知、体验其文化内涵。其次，人文活动是审美参照的对象。旅游活动本身就有审美娱乐的成分，游客对人文活动的满足，大多由审美活动获得。因此，最能吸引游客的是各民族包含宗教仪式在内的艺术活动。在游客眼里，艺术形式甚至成为他们认知不同民族的标志。再次，人

文活动时向外界展示本土文化的窗口，是对自身文化的肯定。人文活动作为旅游内容，其吸引对象是外来人，具有向外域文化展示本土文化的特殊意义。同时，加深了本民族与其他民族的接触和交融，增强了自己的民族自信心和乡土自豪感。最后，人文活动作为旅游资源，是获得经济利益的重要手段。人文活动类旅游资源的开发可带来可观的效益，对于带动民族地区的社会进步、经济发展、提高文明程度和生活质量具有十分明显的作用。

（二）广安人文活动旅游资源

1. 民间艺术——岳池灯戏

灯戏是四川戏的一种，是真正的四川“土特产品”，最富有地方特色和民间情调。岳池灯戏属川北灯戏流派，在四川灯戏艺术中独树一帜，其唱腔曲牌较多而富于变化，优美动听，其表演诙谐而富于技巧，引人发笑，故川北灯戏备受人们喜爱，得以代代传承。清末民初岳池的“太洪班”“三三剧社”等川剧团体演出的灯戏，深受人们欢迎。

（1）溯源。

远自秦汉以来，生活在嘉陵江与渠江流域的巴人，由于交通闭塞与文化经济的落后，流行着不少带有封建迷信色彩的社会风俗。家人病重，要请巫婆跳神；患了疟疾，就要驱逐“摆了鬼”；死了亲人，就叫端公“庆坛”；遇到大旱，要向龙王求雨……在这些风俗中，巫婆、巫师大叫大唱大跳，还会伴以乐器，壮大声势，吓唬人们。受这些风俗的影响，缺少科学知识的巴人，或为了在繁重的体力劳动中消除疲乏，或在丰收之后表现欢乐的喜悦，或遇天灾人祸倾诉悲痛，或于委屈与压抑时而泄愤，或因为遭莫大打击难受而呐喊，最初是两三个人在一起又吼又叫，又唱又跳，以表现喜、怒、哀、乐。后来发展成为在现实生活的基础上，根据经历的、眼见的、听说的故事，自编自唱成带情节性的“剧”。所以最早的灯戏，往往与端公“庆坛”“送鬼”等活动相伴进行，有盼福、消灾、驱邪、驱鬼、求神等意。到了元代，这种唱曲比较流行。明代戏剧发展，灯戏也随之由唱变成演出，不但有唱，还伴有动作与乐器，同时渐渐与端公的活动分离而单独进行。随着时间的演变与人类社会的进步，才逐渐发展完善成今天的样子。

（2）灯光。

灯戏始为自编自演，忙时生产，闲时进行，多为业余性质，或只在农村流动演出。限于乡村的条件，所以这种灯戏要适合农村的情况，从规模、道具、演出场地等方面做出要求。场地不需要大的舞台，堂屋、院坝、草坪、河滩等，只要有一块能容纳三五个人的活动平地即可，观众可以从四面欣赏演出的节目。晚上演出，如果有明月高悬，就不需要另外照明；如果是月去夜黑，只需点照油灯。随着时间的演变与灯戏的发展，演出人员逐步形成有一定表演水平的队伍。到明清时候，灯戏更加时兴，不管是创作的剧目，还是道具、服装，都有一定的进步。规模也有所扩大，照明的灯也比较讲究。这灯分主灯与台灯，主灯比较大，不但可以为演出照明，还可显现演出班子的标记，装饰着各具特色的图像，有的甚至绘上灯班的节目，起着广告的作用。而台灯则挂在场地的一角，一般有四盏，分挂在四角，这四角的灯是固定的。除此之外，也有八盏、十六盏、二十四盏的，还可以挂更多，而且形式多种多样。灯的多少是根据演出的规模与观看的人数来确定的。这些灯可以因演员的需要而移动，灯戏因在灯的照明下演出而得名。

（3）道具。

道具随着时间的推进而变化。最早没有什么专门服装，后来才按照剧情的需要而设，如古代戏就配以简单的古装。乐器开始也是盆、盘、碗等可以击出声音的用具，后来才逐步变为二胡、唢呐、锣、鼓等。

（4）角色。

灯戏的规模不大，因戏中角色只有两三个，所以最早一般为一两人，后来剧目增加，到了明清，其他戏剧的兴起与发展，也促进了灯戏的繁荣，增加到五六人，最多也只有十余人。一般为男性，女角由男的装扮，新中国成立后才有女性参加演出。由于灯戏内容积极健康，生活气息浓郁，情趣幽默讽刺，形式短小活泼，深受群众青睐，人称“喜乐神”。

（5）题材。

灯戏的内容丰富多彩，以反映民众现实生活为主，也有反映过去时代的。不少题材是赞扬劳动人民勤劳、智慧、勇敢、善良，鞭挞贪官污吏的贪婪、刻薄、吝啬、愚蠢、昏庸、残忍；也有对清官的褒扬，灯戏歌颂真善美，痛斥假恶丑，表达劳动人民对自由平等幸福的渴望。戏词多为四句一组，唱多白少，演员唱一句，乐队伴一句，有时加进帮腔，一唱一和，相映成趣。最早，剧情简单，一个剧目只有那么一个情节，后来才由小幕单场发展到大幕多场，演出风格也由单一粗犷豪放逐步演变为风趣、幽默，含蓄耐人寻味。剧目也由单一变为多种，后来分正灯、地灯、浪浪灯三大类别。

（6）传承。

灯戏是一种群众喜闻乐见的艺术，在民间享有一定的声誉。20 世纪 80 年代，岳池县川剧团派出演员到外地和群众中学习灯戏艺术，排演了一系列剧目，先后到重庆、成都、北京等地演出。在重庆演出了《收姜维》《阳河堂》《大脚夫人》等，折子戏、大幕戏等十多场，曾轰动一时，重庆广播电台多次播放录音。到成都演出后，享誉蓉城，四川电视台播放了《幺妹嫁给谁》《丈母娘上轿》等戏的录像。1988 年 5 月，应中国戏剧家协会、中国艺术研究院戏曲研究所、《戏剧评论》编辑部及全国戏曲现代研究会邀请，赴京在长安、吉祥、中南海等剧场演出岳池灯戏《包公照镜子》《周文献鸡》《秀才买缸》《浪漫幺妹嫁给谁》《搭错车》《丈母娘上轿》等剧目共八场。全国人大常委会副委员长廖汉生等领导和曹禹等专家及新加坡、日本等十多个国家的外宾莅临观赏。《人民日报》等二十余家报刊、电台、电视台报道了演出盛况。岳池灯戏受到了领导和专家学者的好评。恩特·舒马赫说：“我正在撰写专著《世界戏剧之林》，一定把岳池灯戏作为很有特色的剧种向全世界推荐。”日本、新加坡驻华大使热情相邀，希望岳池灯戏走上他们的舞台。

2. 民间习俗

华蓥山里“坐歌堂”

“寒冬腊月梅花香，花儿开放女离娘，明天嫁到新家去，成家立业当自强……”悠扬婉转、荡气回肠的歌声在农家大院飘扬，离别缠绵之情撩动着人们的心房。传统的婚嫁习俗“坐歌堂”在今天的华蓥农家依然依稀可见。

隋朝以来，在今四川东部华蓥市、岳池县、邻水县、武胜县、广安区一带，凡闺女出嫁前夕，即新姐儿（准“新娘”）出嫁前夜，平时要好的朋友聚集一堂，陪其唱歌、演唱、坐堂歌，以抒发感情，歌颂生活，俗称“坐歌堂”。

歌堂往往设置在新姐儿家的堂屋内，里面搁一张或两张四方木桌，桌上摆满瓜果茶水。“坐歌堂”是川东华蓥山地区源远流长的优美动情的民俗传统文化，相传已有三千多年的历史。这一些民俗文化在清代中期形成了一整套内容丰富、形式多样的系列嫁女歌。

“坐歌堂”是极具研究价值的传统民俗文化表现形式。具有川东特色的“坐歌堂”，生动地记录了川东的社会生活，是了解、研究川东封建社会风土人情、伦理道德、价值观念、妇女地位、表演艺术、民间语言、民间音乐、服饰饮食不可或缺的重要依据。“坐歌堂”歌唱形式分领唱、独唱、对唱、齐唱，显示出独特的艺术魅力。它源于民间，但“赋、比、兴”手法使用娴熟，极具形象感；曲调舒缓有致，简单易唱，具有地方民歌的典型特点；几近口语化的歌词，上口易记，既生动可感又充满浓烈的乡土气息；歌曲或哀婉或诙谐或幽怨或深情，情感跌宕起伏，极富感染力。“坐歌堂”这一民间婚嫁习俗，稍加改造，在弘扬优秀传统文化，倡导节俭习俗的今天，仍具重要价值。

“坐歌堂”这种婚嫁习俗，在新中国成立前的川东城乡极为普及。新中国成立后，川东一带的农村及少数城镇家庭，婚嫁时仍采用“坐歌堂”这种习俗。从 2002 年开始，华蓥市文体局、文化馆多次派出专业人员，深入农村，了解、调查“婚嫁歌”这一民俗的历史和现状。从现在世的老人口中，尽力录下、记下有关“坐歌堂”的相关资料。把搜集的录音、笔录资料进行整理，现已搜集“坐歌堂”所唱各类嫁歌近 200 余首。从 2006 年起，华蓥市每年拨专款 5 万元用于发掘、抢救、保护“坐歌堂”这一传统民俗项目。华蓥市文化馆 2007 年又组织人员，把“坐歌堂”这一民俗按原生态的形式搬上舞台，受到广大群众和领导的高度评价。2007 年 3 月，“婚嫁歌”（坐歌堂）被四川省人民政府公布为“第一批省级非物质文化遗产保护名录”。

华蓥山的佛教历史悠久，庙宇林立，尤以宝鼎为最。据《华银山志》述；“山脉绵延，莫不有寺，而皆以此为主，非敢侈亢。”从唐至清，造庙建寺三十余处。悠久多彩的佛教活动产生了灿烂的佛教文化，云童舞便是华蓥山佛教文化中一支古朴、绚丽的奇葩。

云童舞于唐代的华蓥山下，源“庙会”跳云童而来，已有 1 200 多年的历史。新中国成立前，每年六月初一至十九这段时间，重庆、合川、江北、遂宁、岳池、武胜、邻水、渠县等沿山一带的平民百姓、达官贵人，成千上万地带着祭品、敲锣打鼓，跋涉几千里、几百里到华蓥山宝鼎来，朝山拜佛，祭奠神灵，以求得风调雨顺，五谷丰登，云童舞，便是这个队伍的开道仪式。

表演时，分文童、武童。表演者（至少四人，多则不限）头戴云勒，腰围转裙，身着镶边裤褂，露臂赤足，排成两路纵队，文童端香盘，武童擎灯笼，伴着马锣小鼓等打击乐器“波状”声，呈“之”字形，沿山路表演前进。主要有“黄龙缠腰”“莲花铺地”“鲤鱼上滩”“苏秦背剑”“编篾笆篑”等二十几个动作。新中国成立后，朝山拜佛的活动被禁绝，云童舞这种民间艺术却被保留下来，在华蓥山民间广为流传。1956 年，双河老艺人唐明道等在有关文化部门的指导帮助下，对云童舞进行了改编创新，在舞中加上了云牌作陪，配上华蓥山民间音乐作衬，参加了全国民间音乐舞蹈汇演，荣获文化部颁发的全国优秀民间舞蹈奖。1979 年，广安县文化馆又对云童舞进行整理，参加四川省民间文艺调演，获二等奖。

连响舞

连响舞系歌舞者用长约 1 米的小竹棍，两端穿长孔，装置小铜钱于孔内，表演时用小竹棍敲击人体各个部位，因敲击竹棍时连连发响，故名。它既可以是独舞，也可以由几十人集体表演。

3. 现代节庆

现代节庆指的是定期或不定期地举办的展览、会议、文艺表演活动、商业贸易活动、农事活动以及体育比赛活动等节日活动。

川东农家文化节

南宋爱国诗人陆游于孝宗乾道八年（公元 1172 年）被免去夔州（今重庆奉节）通判，去驻汉中的四川宣抚使王炎手下当幕僚，经梁山（梁平）、邻水、广安，过岳池时被农村一片繁忙和欢乐的景象所感，写下《岳池农家》（后收入《剑南诗稿》）：“春深农家耕未足，原头叱叱两黄犊。泥融无块水初浑，雨细有痕秧正绿。绿秧分时风日美，时平未有差科起。买花西舍喜成婚，持酒东邻贺生子。谁言农家不入时，小故画得城中眉。一双素手无人识，空村相唤看缫丝。农家农家乐复乐，不比市朝争夺恶。宦游所得真几何?我已三年废东作。”诗人把农家的喜乐淋漓尽致地表达了出来。

近年来，随着经济的发展和旅游业的兴起，为了让城里人尽享农家欢乐，弘扬优秀传统民间艺术，岳池县委、县政府决定每两年开展一次农家文化展示活动。首次活动于 2002 年 9 月 27 日至 29 日在岳池县城举行。整个活动充满着川东民间文化艺术的氛围。民间艺术游行表演，荟萃岳池民间艺术精华。由九条彩龙开道，五个高亭、二十二个高台、二百名腰鼓队从文体广场出发，经建设路、大东街、南街、银城南路、九龙大街，处处体现出岳池特有的民间文化风情。

华蓥山旅游文化节

华蓥山旅游文化节的活动丰富多彩，从 4 月旅游旺季到来到 11 月初，主题文化活动精彩不断，历届都要举办盛大的开幕式、华蓥山非物质文化节目表演——滑竿抬幺妹、开展“缅怀革命情”主题活动、《情满华蓥山》主题文艺晚会、情山民俗文化历届活动掠影展、户外拓展体验活动、玩转华蓥山四季滑雪场、小平故里·华蓥山特色旅游文化商品展销季、渝色无界摄影联盟采风活动、云贵川陕渝网络记者营销论坛、幺妹情怀——寻华蓥山最美幺妹网络评选活动、五一主题活动、“5·19”中国旅游日活动、华蓥山消夏避暑季、庆祝中国共产党成立 92 周年活动、回味走过的军旅生涯、“迎中秋·庆国庆”暨华蓥山形象大使——最美幺妹评选决赛等一系列活动。在系列活动中，逐渐形成了深受广大旅游爱好者喜欢的“华蓥山幺妹节”“华蓥山情山文化节”“华蓥山登山节”“华蓥山梨花节”等节庆活动。

嘉陵江龙舟旅游文化节

端午节划龙舟是中华民族的传统节日活动，“文化大革命”时期被作为“四旧”予以破除。粉碎“四人帮”后，武胜县于 1980 年恢复了这一传统节日活动。当时的内容仅限于渡江游泳、划龙舟、智擒活鸭等水上活动。后由于经济发展的需要，逐渐把水上活动与陆上的商展活动结合起来，使这一传统节日的活动内容变得更加丰富。1999 年，县委、县政府做出决定，每两年举办一次嘉陵江龙舟旅游文化节。龙舟旅游文化节除保留原有的水上传统项目外，还增加了商贸展销、招商引资、文艺演出、歌手大赛、赛诗会、文学讲座、群文理论研讨、燃放烟花、玩龙舞狮、街头游乐等十余项活动，时间也由过去的一天延长到三至五天。目前，武胜龙舟节已历十八届，形成了一定的规模和影响，为川内外众多旅游观光者所瞩目。

广安鸣钟桃花节

每年 3 月桃花盛开时节，都在鸣钟科技园、桃花园山庄举行广安鸣钟桃花节，推出“赏桃花春色，选桃花公主、享田园野趣”休闲系列旅游活动。主要活动有文艺表演、“人面桃花”摄影比赛、“桃花公主”评选、“桃花赋”征文评选、“桃花赋”诗会及书画现场表演、“桃花谜”有奖猜谜、家庭才艺表演、武术表演赛、有奖猜谜、钓鱼比赛、棋牌比赛等多种文体活动。桃花会期间，如云如烟的桃花吸引了数万寻芳客入园游览，游客们在桃花园中漫步、嬉戏，尽情体验着春的气息。

七、课后作业

（1）广安各类人文活动旅游资源的旅游价值主要体现在哪些方面？

（2）如何根据游客的兴趣点，有选择地讲解广安人文活动旅游资源？

项目六　广安饭店信息采录

任务一　考察广安饭店概况

一、任务准备

（一）任务目标

调查广安酒店分布情况、地理位置、星级标准、服务特色等，根据客人需要安排合适的酒店。

（二）任务场景

安辑是广安职业技术学院的一名大一学生，他家乡的一批老干部近期将到广安进行自助游，邀请安辑为他们安排住宿，旅游线路为邓小平故居—华蓥山—邻水大峡谷。安辑应该怎样安排住宿呢？

二、任务分析

为旅游团安排酒店住宿，要根据旅游行程，分析游客特征，充分考虑酒店的地理位置、星级标准、服务质量、旅游交通等因素。

三、任务分派

学生每 5 人成立一个小组（可根据班级情况进行调整，小组人数一般不宜过多），选取一名成员作为小组组长（可自荐或由小组成员推荐），各小组成员各自接受任务并展开调研。

（一）个人任务

课下调研，完成表 6.1。

表 6.1

酒店名称	地理位置	星级标准	交通状况	客房价格	酒店特色	顾客评价	备注

（二）小组任务

课上讨论：

（1）小组成员调查广安酒店概况。

（2）小组成员根据收集到的信息对各酒店进行对比分析。

（3）小组成员对老干部团住宿的具体安排及原因分析。

（4）形成成果报告。

广安思源酒店

四、任务实施

（一）个人实施

通过现场考察、网络收集、查阅书籍等方法收集广安酒店的相关信息，完成表格。

（二）小组实施

小组通过讨论确定老干部团住宿的方案。

五、任务总结

由任课教师对各小组调研报告及实施方案进行总体评价。选择酒店时，要结合顾客需求，综合考虑酒店内部因素，如功能设施、装饰风格、特色项目、服务质量、消费价格等；外部因素，如酒店地理位置、交通状况及顾客评价等。

六、知识总结

（一）酒店的定义

酒店（hotel）一词原为法语，指的是法国贵族在乡下招待贵宾的别墅。后来欧美的酒店业沿用了这一名词。在我国，由于地域和习惯上的差异，有“饭店”“酒店”“宾馆”“度假村”“休闲山庄”等多种不同的叫法。

酒店是以建筑物为凭借，主要通过客房、餐饮、娱乐等设施及与之有关的多种服务项目，向客人提供服务的一种专门场所。换言之，酒店就是利用空间设备、场所和一定的消费物质资料，通过接待服务来满足宾客住宿、饮食、娱乐、购物、消遣等需要而取得经济效益和社会效益的一个经济实体。

（二）酒店发展历程

酒店的产生和发展过程源远流长，已有几千年的历史。现代的酒店，就是从中国的驿馆、中东的商队客店、古罗马的棚舍、欧洲的路边旅馆及美国的马车客栈演变而来的。

第一时期：客栈时期。

客栈产生于18世纪前，当时的名称是客栈，设备简陋，安全性差，仅能提供住、吃，服务质量差。

第二时期：豪华酒店时期。

豪华酒店产生于19世纪初，当时英国的产业革命促进了生产力的发展，使人类社会进入工业时代，第一家豪华旅馆别墅在法国建成。此时，酒店的接待对象主要是王公贵族、达官显贵、商人、上流社会度假者，接待目的为非盈利，常建于城市，铁路沿线。同时，由于蒸汽机的出现，商品的进一步丰富，交通也开始发达，从而使酒店的开设位置有所变化。

第三个时期：商业酒店时期。

在20世纪初至第二次世界大战期间，第一家商业酒店在美国出现，其位于城市中心和公路旁。此时的酒店已能提供舒适、便利、清洁的服务，安全为服务宗旨，价格合理。此时，汽车酒店已开始出现。

【延伸阅读】

布丁酒店首家汽车旅馆驿佰居

被称为“中国历史上第一家真正的汽车旅馆”的布丁酒店•驿佰居于 2014 年 10 月 1 日在浙江常山服务区开业。作为在高速路上的休憩驿站，驿佰居的口号是“高速堵车、高速疲劳不用愁”。(摘选自迈点网。)

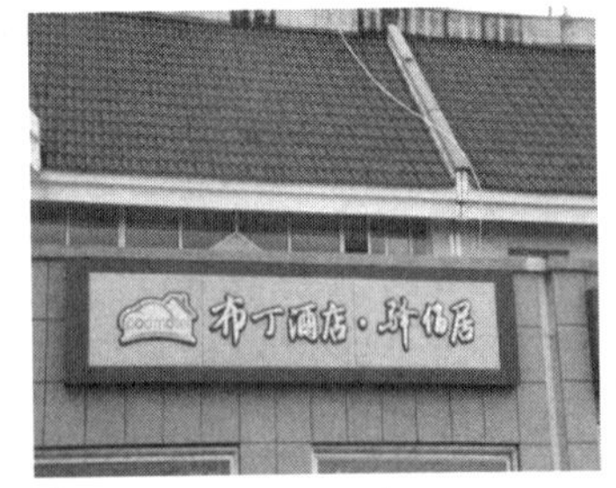

第四个时期：现代酒店时期。

现代酒店始于 20 世纪 40 年代。现代酒店具有一些明显的特点，如酒店连锁经营、酒店的市场定位更为专业化、各类型酒店充分利用高科技(在客房装上互联网、使用新型的装饰材料等)；同时，宾客还要求酒店提供个性化的服务。

【延伸阅读】

伦敦监狱酒店“恶魔岛”：花钱买罪受

英国伦敦近日出现了一家名叫“恶魔岛”的监狱旅馆，无论是建筑结构、监狱设施，还是“囚犯”的生活起居，均与监狱原型完全一致，逼真程度让人印象深刻。

一旦住进“恶魔岛”监狱旅馆，游客的所有行为都得像个囚犯。按照规定，旅客们需要在傍晚 6 点 30 分准时来到监狱旅馆办理入住手续。在领取个人信息卡、拍摄完嫌疑犯照片之后，旅馆的工作人员“狱警”会给他们发放囚服，紧接着将其“关进”监狱房间。在这里严格遵照三餐时间发食物，餐点会装在铁盘上送进牢房。此外，时间一到，牢房内也会响起铃声，提醒大家“放风”时间到了，可以到广场去做运动。

这家“恶魔岛”监狱旅馆其实是为宣传一部名叫《恶魔岛》的最新美剧，该剧故事背景正是设定在位于美国旧金山恶名昭彰的“恶魔岛”监狱。整个监狱旅馆共有 4 个小房间，每个房间仅配备床和折叠式桌子等基本生活用品，十分简陋。唯一可以保证质量的或许只有饮食了，因为旧金山恶魔岛监狱也是这么安排的。(选自中国酒店信息报 2014 年第 14 期。)

【案例】

万豪屏蔽顾客 Wi-Fi 被罚 60 万美元

酒店巨头万豪国际被罚款，因该公司旗下一家酒店刻意屏蔽免费 Wi-Fi 热点，被美国联邦通信委员会（FCC）罚款 60 万美元。北京时间 2014 年 10 月 4 日凌晨消息，美国联邦通信委员会（FCC）周五对酒店巨头万豪国际罚款 60 万美元。因为该公司旗下一家酒店刻意屏蔽免费 Wi-Fi 热点，迫使顾客使用酒店的付费网络，并对每台设备最高收费 1 000 美元。（摘选自迈点网。）

讨论：互联网时代对酒店业有什么重大影响？

（三）酒店的分类

1. 按酒店的功能性分类

（1）商务性酒店：主要以接待从事商务活动的客人为主，为商务活动服务。这类客人对酒店的地理位置要求较高，要求酒店靠近城区或商业中心区。其客流量一般不因季节的变化而产生大的变化。商务性酒店的设施设备齐全、服务功能较为完善。

（2）度假性酒店：以接待休假的客人为主，多兴建在海滨、温泉、风景区附近，其经营的季节性较强。度假性酒店要求有较完善的娱乐设备。

（3）长住性酒店：为租客提供较长时间的食宿服务。此类酒店客房多采取家庭式结构，以套房为主，房间

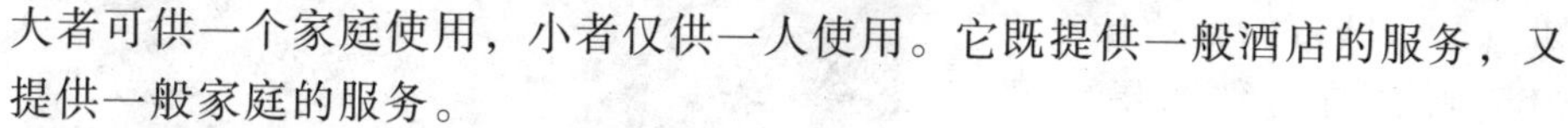

大者可供一个家庭使用，小者仅供一人使用。它既提供一般酒店的服务，又提供一般家庭的服务。

（4）会议性酒店：是以接待会议旅客为主的酒店，除食宿娱乐外还为会议代表提供接送站、会议资料打印、录像摄像、旅游等服务。要求有较为完善的会议服务设施（大小会议室、同声传译设备、投影仪等）和功能齐全的娱乐设施。

（5）观光性酒店：主要为观光旅游者服务，多建造在旅游点。观光性酒店的经营特点不仅要满足旅游者食住的需要，还要求有公共服务设施，以满足旅游者休息、娱乐、购物的综合需要，使旅游生活丰富多彩，从而得到精神上和物质上的享受。

【思考】

广安四星、五星级酒店具备哪些功能?

2. 按酒店建筑规模分类

目前对酒店的规模旅游行政部门还没有一个统一的划分标准。较通行的分类方法是以客房和床位的数量多少，区分为大、中、小型三种。

(1)小型酒店，客房在 300 间以下。

(2)中型酒店，客房在 300～600 间。

(3)大型酒店，客房在 600 间以上。

(四)中国酒店的等级划分

等级划分是指各国政府和酒店业机构依据酒店的各项硬件、软件等标准，将酒店划分为不同的等级。世界上酒店等级的评定多采用星级制。中国酒店的级别评定采用的是“五星”等级制，按照酒店建筑、装潢、设备、设施、服务项目、服务水平等方面综合平衡，将酒店划分为一星、二星、三星、四星、五星(含白金五星)五个等级。

【延伸阅读】

迪拜七星级酒店——帆船酒店

著名的迪拜七星级酒店，即位于阿联酋迪拜塔的帆船酒店。迪拜塔高 321 米是世界第一高楼，迪拜七星级酒店是世界上最高的酒店。一眼望去，矗立在迪拜海边那个帆船形状的建筑，就是著名的阿联酋迪拜七星级酒店——阿拉伯塔，又名阿联酋迪拜帆船酒店。

一提到阿联酋迪拜，只要知道这个城市的，估计没有不知道阿联酋迪拜七星级酒店的。其实世界上至今还没有超过 5 星级的酒店，阿拉伯塔也不例外，它之所以得名“七星”，应该归功于一名英国女记者。当年，阿拉伯塔刚开业的时候，这位英国女记者便是客人之一，在这儿，她感受到过前所未有的服务质量。她回国以后，就在报纸上美言盛赞阿拉伯塔的豪华奢侈和优良的服务，最后说“我已经找不到什么语言来形容它了，只能用7星级来给它定级，以示它的与众不同”。从此以后，这个免费广告就传遍世界。

其实迪拜帆船酒店被称为“迪拜七星级酒店”，也不算浪得虚名。这座全世界最高的酒店、帆船酒店，高321米，比埃菲尔铁塔还高上一截。它建在一个离阿联酋迪拜海岸280米处的人工岛上，由一条堤岸跟内陆连接。它的工程总共花了5年的时间，2年半时间在海上填出人工岛，2年半时间用在建酒店本身，使用了9 000吨钢铁，在40米的海下打了250根基建桩柱。酒店由英国设计师设计，共动用了40名设计师和1 500名建筑工程人员。

【延伸阅读】

绿色酒店

（1）绿色饭店简介。

绿色饭店，又称绿色酒店是指运用环保健康安全理念，坚持绿色管理，倡导绿色消费，保护生态和合理使用资源的酒店。核心是为顾客提供符合环保、健康要求的客房和餐饮。绿色酒店有三大标准——安全：消防安全、治安安全和食品安全；健康：提供给消费者有益于健康的服务和享受；环保：减少和避免浪费，实现资源利用的最大化。目前，我国绿色酒店以银杏叶作为标识。根据酒店在安全、健康、保护环境等方面程度的不同，绿色酒店分为A级至AAAAA级。

（2）绿色饭店标准。

① 前提条件。

严格遵守国家有关环保、节能、卫生、防疫、食品、消防、规划等法律法规，各项证照齐全合格。

酒店最高管理者必须任命专人（绿色代表）负责本企业的创建绿色酒店任务，酒店有绿色工作计划，明确环境目标和行动措施，健全有关公共安全、食品安全、节能降耗、环保的规章制度，并且不断更新和发展，酒店管理者定期检查目标的实现情况及规章制度的执行情况。

酒店有关于公共安全、食品安全、环境保护的培训计划，全员参与，提高员工安全和环保意识；分管创建绿色酒店工作的负责人必须参加有关安全、环境问题的培训和教育。

客人活动区域以告示、宣传牌等形式鼓励并引导顾客进行绿色消费，使顾客关心绿色行动。酒店被授予“绿色酒店”后，必须把牌匾置于醒目处，有建立绿色酒店的相关文件档案。

Bon Hotels 旗下“绿色酒店”(Hotel Verde)位于开普敦机场附近，2013 年 8 月 27 日开业，号称“非洲最绿色环保的酒店”。

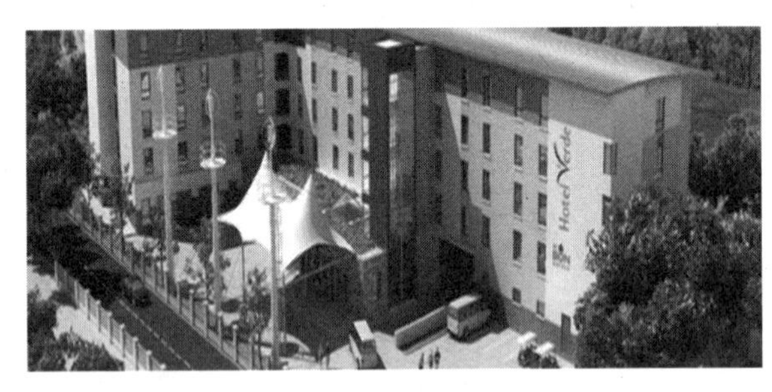

酒店有四种不同的房间类型——标准房、单间公寓房、家庭套房以及行政套房。房间里各类用品，例如护手霜，香皂和沐浴露都是当地生产的环保产品，对环境无害。其供货商也都通过了标准审核。

该酒店特色之一是健身房带有发电功能的设备，这些设备可将客人健身时产生的电能输送回酒店，同时，还能显示每位客人通过健身所产生电能的数值。并且酒店还实现了免费无线网络覆盖。为了减少纸张的使用，“绿色酒店”(Hotel Verde)计划令所有菜单都能在智能设备上显示，同时还显示出食材原料、产地以及任何可能涉及的过敏原。(信息来源于南方都市报。)

② 节约用水。

积极引入新型节水设备，采取多种节水措施，加强水资源的回收利用。酒店用水总量每月至少登记一次，厕所水厢每次冲水量、水龙头每分钟水的流量、浴池水龙头的水流量、小便池的用水量、洗碗机的用水量等都有明确的标准并执行。酒店的水消耗主要来源于客房、厨房清洁和餐具清洗。各主要部门要有用水的定额标准和责任制。

酒店用水消耗每月至少监测一次，建立水计量系统，并对用水状况进行记录、分析。

严格禁止水龙头漏水。

③ 能源管理。

酒店要有能源管理体系报告，每年至少做一次电平衡监测，各主要部门有电、煤（油）能耗定额和责任制。

通风、制冷和供暖设备应强化日常维护及清洁管理，并配有监控系统，对冷柜、窗户的密封情况每年都要检查，并写出检查报告。

健全酒店的能源使用计量系统。

积极采用节能新技术，有条件的企业应使用可再利用的能源（太阳能供热装置、地热等）系统。

④ 环境保护。

酒店污水排污、锅炉烟尘排放、废热气排放、厨房大气污染物排放、噪音控制达到国家有关标准。

洗浴与洗涤用品不能含磷，使用和用量正确，对于环境的影响降到最低。冰箱、空调、冷水机组等积极采用环保型设备用品。

室内绿化与环境相协调，无装饰装修污染，空气质量符合国家标准。

室外可绿化地的绿化覆盖率达到100%。

⑤ 垃圾管理。

酒店要通过垃圾分类、回收利用和减少垃圾数量等方式进行控制和管理。

酒店建立垃圾分类收集设备以便回收利用，员工能将垃圾按照细化的标准分类。

对顾客做好分类处理垃圾的宣传。

对废电池等危险废弃物有专用的存放点。

⑥ 绿色客房。

有无烟客房楼层（无烟小楼）。

房间的牙刷、梳子、小香皂、拖鞋等一次性客用品和毛巾、枕套、床单、浴衣等客用棉织品，按顾客意愿更换，减少洗涤次数。

改变（使用可降解的材料）、简化或取消客房内生活、卫浴用品的包装。

放置对人体有益的绿色植物。

供应洁净的饮用水。

客房采光充足，有良好的新风系统，封闭状态下室内无异味、无噪音，各项污染物及有害气体检测均符合国家标准。

⑦ 绿色餐饮。

餐厅有无烟区，设有无烟标志。餐厅内有良好的通风系统，无油烟味。保证出售检疫合格的肉食品，严格蔬菜、果品等原材料的进货渠道，确保食品安全。在大厅显著位置设置外购原料告示牌，标明主要原料的品名、供应商、电话、质检状态、进货时间、保质期、原产地等内容。

积极采用绿色食品、有机食品和无害蔬菜。

不出售国家禁止销售的野生保护动物。

制定绿色服务规范，倡导绿色消费，提供剩余食品打包、存酒等服务。

不使用一次性发泡塑料餐具、一次性木制筷子，积极减少使用一次性毛巾的次数。

餐厅内有男女分用卫生间，洁净无异味，卫生间面积及厕位与餐厅面积成恰当比例，卫生间各项用品齐全并符合环保要求。

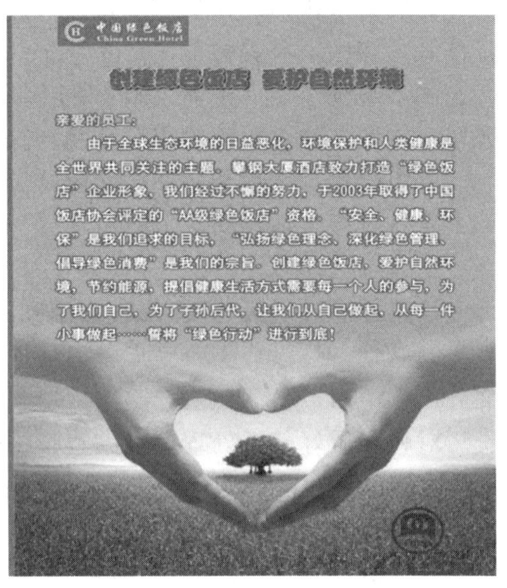

⑧ 绿色管理。

酒店应建立有效的环境管理体系。

酒店应建立积极有效的公共安全和食品安全的预防、管理体系。

酒店应建立采购人员和供应商监控体系，尽量选用绿色食品和环保产品。

酒店积极采用绿色设计。

酒店的绿色行动受到社会的积极赞同，顾客对酒店的综合满意率达到 80%以上。

（信息来源于 http://baike com/v261552 htm。）

华彬费尔蒙酒店采用纯电动宝马 i3 接送宾客

近年来酒店跨界之作颇多，近日北京华彬费尔蒙酒店与宝马集团联合推出了 BMW i3 接送机服务及套餐游历北京，将环保、跨界与营销进行了完美的结合。

北京华彬费尔蒙酒店与宝马集团“智慧城市行动”（Wise City Action）联盟，携手展出这一豪华座驾制造公司的全新纯电动 BMW i3。即日起至 11 月底，下榻酒店的宾客可预定该系列车辆的接送机服务以及“探秘北京”（Passion Package）套餐游遍京城，率先体验这一具有开创性的零排放理念及其独特的可持续性设计特色。（信息来源于美通社。）

任务二　考察酒店组织机构

一、任务准备

（一）任务目标

考察广安酒店组织机构及相应的岗位能力要求。

（二）任务场景

安辑是广安职业技术学院一名大一学生，毕业后有意愿到酒店工作，他适合做些什么工作呢？做好这些工作要具备怎样的素质呢？据此，安辑实地对酒店内部组织机构及工作职责进行考察。

二、任务分析

考察酒店组织机构，了解岗位能力要求，初步确定自己感兴趣的工作岗位，明确学习方向和目标，为以后的工作奠定基础。

三、任务分派

学生每 5 人成立一个小组（可根据班级情况进行调整，一般小组人数不宜过多），选取一名成员作为小组组长（可自荐或由小组成员推荐），各小组成员各自接受任务并开展调研。

（一）个人任务

课下调研，完成表 6.2。

表 6.2

酒店名称	地理位置	星级标准	酒店规模	机构设置	岗位能力要求	岗位薪金水平	备注

（二）小组任务

课上讨论：

（1）小组成员调查广安酒店机构设置概况。

（2）小组成员对比分析各酒店机构设置的异同。

（3）小组成员针对酒店机构设置及各岗位能力要求，谈谈自己喜欢从事酒店的哪一工作岗位。

（4）形成成果报告（手写或打印）。

四、任务实施

（一）个人实施

通过现场考察、网络收集、查阅书籍等方法收集广安星级酒店机构设置状况，完成表格。

（二）小组实施

小组课堂讨论，初步确定小组成员的工作意向，形成成果报告。

五、任务总结

由任课教师从目前酒店业机构设置、岗位能力要求、人才需求现状、薪金水平和酒店发展趋势等方面对各小组的调研报告进行总体评价。

六、知识总结

（一）酒店机构设置

酒店的经营为每日 24 小时不间断运行，因此酒店的运作机制，分为营业和职能两大部分。各酒店的规模和经营管理方式有所不同，但基本的部门和机构的区别不大，其主要部门架构如图 6.1 所示。

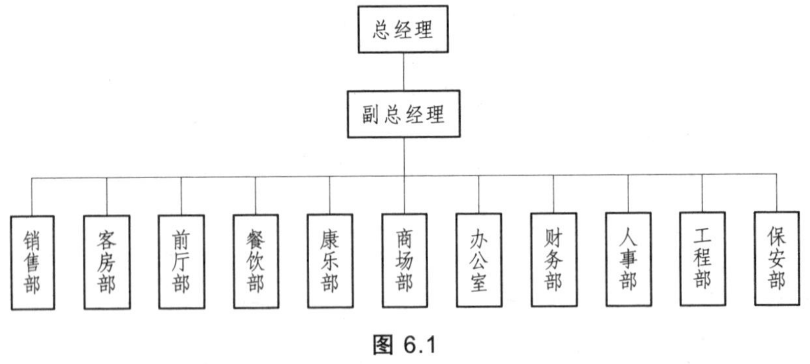

图 6.1

以上架构仅为酒店运作的一个基本轮廓，许多酒店根据需要还设置了助理总经理或总监，在这些部门中，前 6 个部门属营业部门，后 5 个部门属职能部门。

案例参考如图 6.2 和图 6.3 所示。

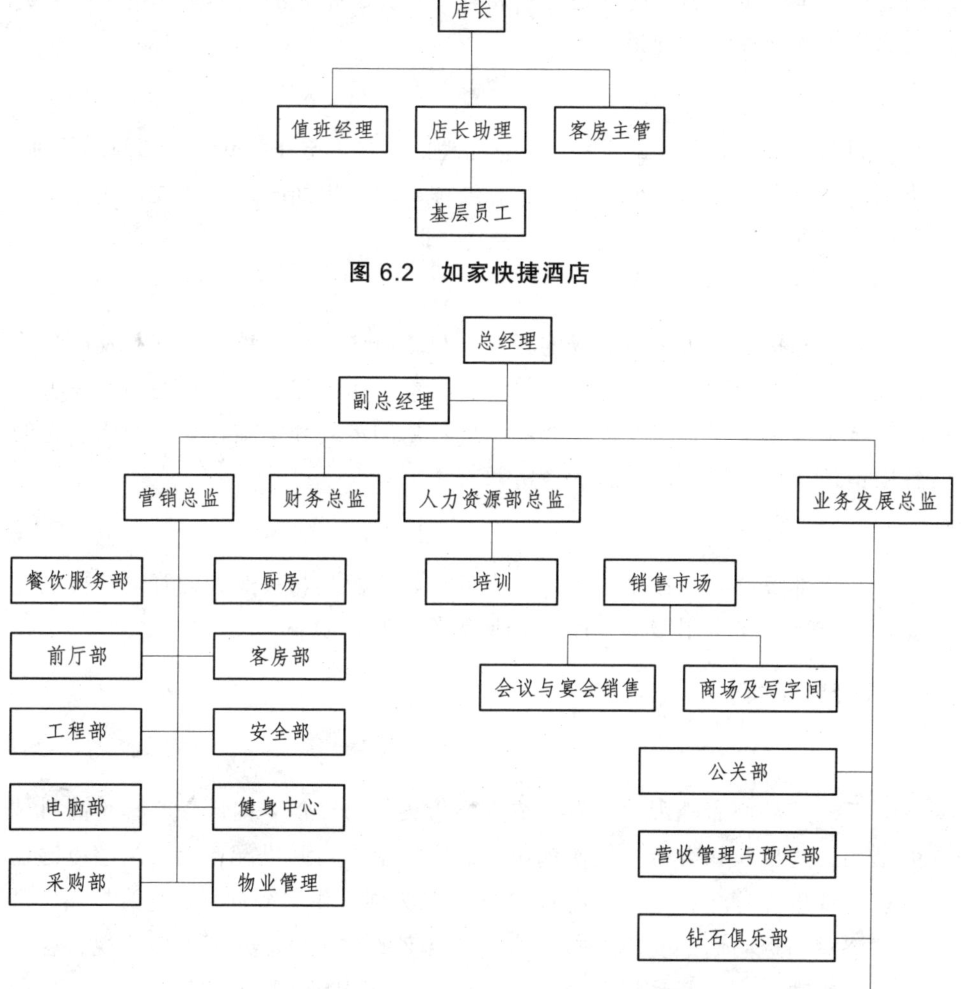

图 6.2　如家快捷酒店

图 6.3　广州新天希尔顿大酒店

【思考】

比较广州新天希尔顿大酒店与如家快捷酒店机构设置的不同之处？为什么？

（二）酒店各部门的主要职责

1. 总经理

总经理是酒店的最高指挥和管理者，受业主或董事会（或酒店管理公司）

的委派，全权负责酒店的一切经营和管理业务，带领酒店的全体员工努力完成酒店的各项经营管理指标。

2. 副总经理

副总经理是总经理的助手，在总经理的直接领导下，负责各部门的管理、协调、检查、督导和培训工作，在总经理离店外出期间，根据授权代理总经理行使管理职权。

3. 销售部

销售部负责酒店客源市场的开发，与政府各单位、社会各商社及旅游代理机构和旅行社建立良好的公共关系，负责酒店客房、餐饮及各项营业项目的宣传和推销工作，以及酒店各项销售计划的策划和实施，完成酒店下达的各项销售指标，以保证酒店的经济效益。

4. 客房部

客房部负责酒店住客的接待和服务，客房及其相关业务的管理和控制主要由洗衣部、布巾制服部、PA、楼层等附属部门负责。

【延伸阅读】

伦敦斯顿广场酒店

斯顿广场酒店外观就散发出浓重的历史气息，但其内部核心却是高科技的结晶，这反映在大量科技便利设施的应用上。房间里配备有触摸感应键盘来控制音乐和灯光；房间内置的 iPod 可以为你提供服务向导；通过按钮，可以把浴室的透明墙壁变成多彩的墙壁；浴室的镜子里嵌入了平板电视，客人可以一边洗澡一边享受精彩的电视节目。（摘自迈点网。）

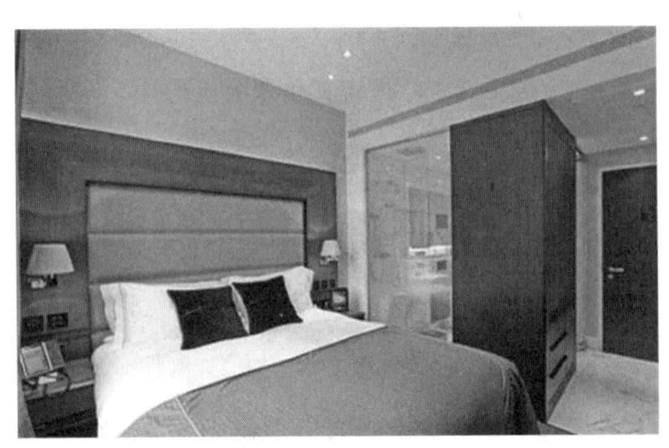

5. 前厅部

前厅部负责酒店宾客的入住登记、运送行李、投诉等事宜，主要由大堂经理、前台接待、问讯及礼宾部等附属部门构成。

【延伸阅读】

福建宁德 414 家酒店执行“14 时退房”新规

经过近一年的推广倡导，截至目前，全市已有 414 家宾馆酒店承诺执行 14 时退房的新规定，这些酒店几乎涵盖了各县（市、区）城区范围内的所有具有正规营业执照的宾馆酒店。这意味着旅客们再也不必提着行李吃午饭了。另外，目前，宁德消委会正在逐步向乡镇、农村的住宿场所推广这一新规。

近日，走访美伦、山水、东方国际、锐斯特等市区数家大中型宾馆酒店发现，这些酒店均已严格实行 14 时退房的新规定，并在宾馆服务台结账处放置“延迟退房时间郑重承诺”牌匾，提醒顾客监督。而对于新规定的实行，宁德市的大部分宾馆酒店的经营者表示理解与支持。宁德市区某大型酒店负责人表示，宾馆酒店延迟结账时间，表面上增加了旅客住店时间，给宾馆的服务提出了新的要求，其实质是使宾馆的服务更加人性化，让广大消费者更加舒心消费，是一个互利双赢的结果。对于普通消费者来说，“延迟退房”无疑大大便利了他们的行程安排。“之前每次外出住宾馆，还不到中午 12 点，总台就打电话催退房。有时候客车时间早还好点，要是搭乘两三点的班车，提着行李还不知道去哪儿落脚，12 点退房太不方便了。”梁先生是一家广告公司的经理，经常出差住酒店，对于酒店 12 点的退房时间一直觉得十分尴尬。“晚两小时退房，就可以等活动结束后再回到酒店整理行李，甚至还能再梳洗、休息一下，很贴心。”梁先生说。（摘自《中国饭店信息报》2012 年第 15 期。）

6. 餐饮部

餐饮部是酒店向客人提供各种餐饮服务的部门，主要分为中餐、西餐两大类别。在中餐类别中有风味餐厅、宴会厅等；西餐则有咖啡厅、酒吧、扒房等。

7. 康乐部

康乐部是向客人提供各种娱乐服务的部门，因各酒店的规模和星级不同，其服务项目也有所不同。一般的酒店都设有歌舞厅、游艺室、保龄球、桌球、游泳池、健身室、保健中心、按摩中心、美容美发、桑拿浴等设施，高星级的酒店还设有网球场和小型高尔夫球场等。

8. 商场部

商场部是向客人提供商品销售服务的部门，提供的商品一般包括日常用品、食品、文化用品、地方工艺品等。

9. 总经理办公室

总经理办公室是酒店总经理室的办事机构，主要任务是根据总经理的要求起草有关报告、文件、会议记录、审查各部门呈现送给总经理室的报告并提出建议，上呈下达，安排总经理室召集有关会议和其他活动，接待来访人员，协调与政府有关单位和部门的关系，负责酒店有关文件或资料的收发、传阅、保管、装订、归档等工作。

10. 财务部

财务部是酒店的经济运行职能部门，它的主要任务是根据国家的财政经济政策和董事会批准的财务制度，结合酒店的实际情况，制定本酒店的财务管理规章和工作程序，对酒店的经营活动起着保障、服务、监督、控制的作用，以提高酒店的社会效益和经济效益。

11. 人事部

人事部或人事培训部，有的酒店也称人力资源部。它的主要任务是贯彻执行国家的劳动人事法规和制度，开发酒店的人力资源，根据酒店发展和经营的需要，确定和调整酒店的机构和人员配备，对酒店的人事工作进行有效的管理、控制和培训。招收招聘新员工，加强酒店的定编管理，建立健全劳动工资、员工考核、晋升、聘任、奖惩、劳保及福利等各项管理制度并督导、贯彻执行。

12. 保安部

保安部是负责酒店安全、维护酒店正常秩序的职能部门。它的主要任务是配合酒店各个部门保卫酒店和宾客人身、财产安全，开展防火、防盗、防灾害的事故工作，保障酒店的正常运转。

13. 工程部

工程部是酒店硬件设施的管理、维修和运行保障的部门。它的主要任务是对酒店各种机械电气设备、各项建筑装潢设施进行日常维修保养和预防性维护，以保证酒店的正常运转。同时，还承担着酒店建筑、装潢工程的扩建、改造和更新的任务。

【小知识】

金钥匙服务

（1）“金钥匙”的起源。

“金钥匙”的原型是19世纪初期欧洲酒店的“委托代办”（Concierge）。而古代的Concierge是指宫廷、城堡的“钥匙保管人”。从“委托代办”的含义可以看出“金钥匙”的本质内涵就是酒店的委托代办服务机构，演变到今天，已经是对具有国际金钥匙组织会员资格的饭店的礼宾部职员的特殊称谓。“金钥匙”已成为世界各国高星级酒店服务水准的形象代表，一个酒店加入了金钥匙组织，就等于在国际酒店行业中获得了一席之地；一个酒店拥有了“金钥匙”这种首席礼宾司，就可显示不同凡响的身价。换言之，大酒店的礼宾人员若获得“金钥匙”的资格，他也会倍感自豪。因为，他代表着全酒店的服务质量水准，甚至代表着酒店的整体形象。“金钥匙”也是现代酒店个性化服务的标志，是酒店内外综合服务的总代理。它的服务理念是在不违反当地法律和道德观的前提下，使客人获得“满意加惊喜”的服务，让客人自踏入酒店到离开酒店，都能感受到一种无微不至的关怀和照料。

（2）酒店金钥匙的服务理念。

① 酒店金钥匙的服务宗旨：在不违反法律和道德的前提下，为客人解决一切困难。

② 酒店金钥匙为客排忧解难，“尽管不是无所不能，但是也是竭尽所能”，要有强烈的为客服务意识和奉献精神。

③ 为客人提供满意加惊喜的个性化服务。

④ 酒店金钥匙组织的工作口号是“友谊、协作、服务”。

⑤ 酒店金钥匙的人生哲学：在客人的惊喜中找到富有乐趣的人生。

（3）酒店服务的十把金钥匙。

第一把金钥匙：宾客就是皇帝。

第二把金钥匙：微笑。微笑是一种各国宾客都能理解的世界性欢迎语言。

第三把金钥匙：真诚、友好和热情。

第四把金钥匙：提供快速敏捷的服务。

第五把金钥匙：文明、礼貌的语言。

第六把金钥匙：要佩戴好你的名牌。

第七把金钥匙：仪容仪表要端庄、大方、整洁。

第八把金钥匙：员工间互助合作。

第九把金钥匙：用尊称向宾客问候。

第十把金钥匙：熟悉自己的酒店及相关信息。

【延伸阅读】

“金钥匙”的工作字典里没有“不”字

奢侈手机 Virtue 以特有的管家式服务闻名。拥有这个手机，无论身在全球任何地方，只要按下专门的 Virtue 管家键，就能享受到 24 小时全天候的生活服务，甚至还有可能和英国女王喝下午茶。

酒店“金钥匙”的一条龙服务就像 Virtue 的管家键，围绕着客人的需要，展开各种委托代办服务，范畴往往超出了普通酒店所能提供的日常服务，成为酒店个性化服务的标志。

面对特殊要求，金钥匙无所不能。成了金钥匙，就不能轻易对任何一个客人的要求说不，金钥匙似乎就是无所不能的代名词。

酒店的金钥匙们经常会接到各种各样的任务，客人出差去香港，想知道离红磡车站最近的渣打银行位置；晚上 11 点多，杭州客人要买束鲜花在第二天早上 7 点之前送给苏州的女朋友，这时候花店已经关门……金钥匙每天都会碰到新任务，他们的工作就是想方设法达成使命。

一位远在意大利的客人，打电话给金钥匙陈某，希望从杭州邮寄一盆含苞待放的玉兰花给他。之前，陈某没有接到过类似的任务，不过既然客人有需要，那他就要办好。买盆玉兰花不成问题，关键是怎样才能鲜翠欲滴地寄去意大利。陈某先去园林部门询问玉兰花是否允许出境，再找机场，在机场确认经过一系列检疫和手续后玉兰花可以邮寄。陈某按要求把花包装好，跟机场工作人员特别说明，这是一盆活的植物，需要完整地寄到意大利。结果，意大利客人顺利地收到了毫发无损的玉兰花。（摘自迈点网。）

七、课后作业

（1）酒店金钥匙和一般员工有哪些不同，如何能成为一名金钥匙？

（2）酒店节能可以从哪些方面采取措施？

项目七　广安旅游线路设计

任务一　设计学院周边旅游线路

一、任务准备

（一）任务目标

在学习了广安自然和人文旅游资源、广安交通、广安饭店、广安旅行社信息采录后，我们将尝试着按照旅游者的要求，选取一定的资源，做成旅游线路，也就是旅行社所推出的产品，首先设计学院周边旅游线路。

（二）任务场景

安辑通过信息采录和带团服务，对广安旅游自然和人文资源、广安的饭店和餐饮、广安旅游交通、广安其他旅行社的情况越来越熟悉。旅行社也需要不断推出新产品以吸引游客，所在的广安旅行社的经理安排安辑尝试设计出新的旅游线路。安辑考虑先从自己最熟悉的广安职业技术学院周边找一些景点设计出一条线路。他应该根据什么原则、采取哪些步骤来设计旅游线路呢？请你替他完成这个任务。

二、任务分析

要进行线路设计，必须要清楚旅游线路设计的指导思想、旅游线路设计的原则，特别是要掌握旅游线路设计的流程。在初步了解旅游线路设计理论的基础上，进行实地考察与调查，分析预测，线路策划，日程安排，选择交通方式，安排食宿等。

三、任务分派

（一）个人任务

（1）学习旅游线路设计理论（线路设计的指导思想、原则、步骤）。

（2）考察与调查。

（二）小组任务

（1）分析预测。

（2）线路策划。

（3）日程安排。

四、任务实施

（一）个　人

通过网络、教材进行理论学习，充分理解旅游线路的概念、类型、设计原则、设计步骤。

（二）小　组

（1）实地考察一条学院附近的旅游线路（滨江公园—广安白塔—渠江—西溪峡—小平母校广安中学—兴国寺—渠江公园—思源广场）。

（2）进行学院附近线路讲解。

（3）设计一条红色或绿色旅游线路。

五、任务总结

通过旅游线路的考察与设计，将学生前边所学的知识和技能进行综合应用。既可巩固前边所学的知识和技能，也使学生在所学基础上得到升华，还能将旅行社工作实践结合起来，全面锻炼学生资源调查、线路规划、路线讲解能力。

六、知识总结

（一）旅游线路的概念

关于旅游线路，目前，我国学术界还没有统一的规范性定义。研究的角度不同，对旅游线路的理解也不同。学者们分别从旅游景区规划与管理、市场学、旅行社产品设计的角度，给出了一些不同的解释。但大体归纳起来，旅游线路是指旅游部门或旅游经营者为方便旅游者进行旅游活动，凭借旅游目的地的旅游资源、旅游设施和旅游服务，根据旅游者空间行为的一般规律，利用交通线合理连接客源地和一系列旅游地、旅游区和旅游点的线性轨迹。

按照不同的标准，旅游线路有不同的类型。

（1）按旅游者活动行为划分：周游观光型旅游线路、度假逗留型旅游线路。

（2）按旅游线路的结构划分：环状旅游线路、节点状旅游线路。

（3）按旅游活动的内容划分：综合性旅游线路、专题性旅游线路。

（4）按旅游组织形式划分：包价旅游、拼合选择式路线、跳跃式线路、自助型线路。

（二）旅游线路设计的指导思想

旅游线路的设计：根据现有旅游资源的分布状况以及整个区域旅游发展的整体布局，采用科学的方法，确定最合理的游线，使旅游者获得最丰富的旅游经历。旅游线路设计主要考虑两点：一方面，尽可能地满足旅游者的旅游愿望，使旅游者获得最佳的游览效果；另一方面，便于旅游活动的组织与管理。

1. 创新精神

旅游线路的设计要随着市场的不断变化而不断创新，才能使旅游线路具有强大的吸引力和生命力。旅游线路的设计在适应旅游产品不断变化的情况下要不断更新，对传统路线应该有所改进和突破，对旅游资源、交通等要素进行新的组合，实现旅游线路的可持续发展。

2. 依托城市

一个地区除了旅游资源之外，基础设施、旅游接待设施以及交通设施也是影响旅游业成败的关键因素。这些因素要依托于一定的城镇体系，在旅游线路设计中起着骨架支撑作用。例如，华东五市六日游，南京、上海、杭州、苏州、无锡旅游线路不能脱离旅游中心。目前，我国的一些旅游区与依托城市之间的关系有以下几种：① 资源优良、区位条件与区域经济基础好。② 资源品位高、区位条件与经济背景差。③ 资源品味较差、区位与经济条件较好。

3. 区域协作

旅游是一种空间消费行为，旅游产业具有强烈的地域关联性。多个区域的协作在资源上能够互补，并且可以互相输送客源，旅游线路的设计要有“大环线”思想，使具有同一特质的一定区域进行整合，显示出强大的生命力。江南六大古镇在具体旅游线路的组合与设计中，应以区域旅游为主。在一定范围内，依赖方便舒适的游览路线将不同类型、各具特点的景区和景点，连接成纵横交错、经纬交织的完整网络，从而构成合理而高效的旅游地域景区结构系统。旅游线路的理想模式：旅途时间短，游览时间长，人在景中行，景在游线边。

4. 美学思想

旅游线路设计要在旅游资源中发现美，并按照美学原理创造美，使分散的美集中起来，形成相互联系的有机整体，使复杂、粗糙、原始的美经过设计与开发而变得更纯粹、更精致、更典型化，以符合旅游者的审美要求，并使易逝性的美经过创造和保护而美颜永驻、跨越时空、流传久远。旅游线路的设计者必须了解游客的需求，即旅游者对景观的审美偏好、审美习惯，以最大限度地满足旅游者的审美需要。旅游产品的美学特征越突出，知名度越高，旅游吸引力和市场竞争力就越大。如普罗旺斯大溪地/塔西提岛，最接近天堂的地方大堡礁云南香格里拉。

5. 生态观念

生态旅游的产生是人类认识自然、重新审视自我行为的必然结果，体现了可持续发展的思想。生态旅游提倡的"认识自然、享受自然、保护自然"的旅游概念是21世纪旅游业的发展趋势。

6. 文化价值

由于人们生活的地理环境、文化背景、历史条件的不同使不同区域的人们形成了不同的生活方式和文化。这些因方言土语、时令习俗、饮食习惯、婚丧嫁娶礼仪的不同而形成的文化上的差异，都可能成为旅游产品的一部分，成为旅游线路的重要组成部分。

目前，构成旅游市场主流的中青年旅游者多受过良好的教育，求知欲强，希望在旅游的过程中了解不同的文化、提高自己的文化修养。同时，目前多元文化差异和各民族的文化遗产普遍被认为是人类的共有财富。文化差异越大，旅游的吸引力就越大，这要求在旅游线路设计时注重挖掘旅游产品的文化价值，提升旅游产品的文化含量，开发多样化的产品，以适合不同层次、不同文化背景的游客。

青藏铁路开通以后，出现了大批以西藏为中心的旅游线路，例如"拉萨—山南泽当藏文化起源地风光游""拉萨—羊卓雍措—江孜—日喀—尼木—拉萨的圣湖和后藏宗教文化游"等线路，这些路线吸引了大批游客前往。这些路线之所以受到游客欢迎，一方面因为西藏对于游客而言是神秘的、陌生的；另一方面是西藏和游客居住地存在显著的文化差异，吃糌粑、喝酥油茶的饮食文化差异，藏袍的服饰差异，住帐篷的民居差异，以及宗教文化等。正是这些民俗风情上体现出的文化差异迎合了旅游者的需求，同时也提高了旅游线路的文化价值。

（三）旅游线路设计的原则

1. 市场需求原则

按照国际旅游业发展经验，人均国内生产总值达到 1 000 美元时，国内旅游就兴旺起来；达到 3 000 美元时，就会出现到周边国家旅游的热潮。目前，我国人均 GDP 已超过 1 000 美元，大众旅游兴起。国内旅游市场需求呈现出普遍化、消费化、集中化、组织化和多元化的特点。成功的旅游线路设计，首先必须对市场需求进行充分的调研，以市场为导向，预测市场需求的趋势和需求的数量，分析旅游者的旅游动机，根据市场需求对原有的旅游线路进行加工、完善和升级，并开发出新的旅游线路来满足旅游者的需要，以最大限度地满足需求，保持旅游线路对旅游者的持续吸引力。

2. 符合旅游者意愿和行为原则

旅游者是旅游活动的主体，在设计和销售旅游线路时，必须以旅游者的意愿为出发点。一般情况下，旅游者的可达机会随距离增加而急速衰减。就中国城市居民旅游和休闲出游市场而言，80%出游市场集中在距城市 500 km 以内的范围内（吴必虎，1999）。在旅游线路设计中，必须充分考虑旅游者的心理状态和体能，并结合景观类型组合、排序等，使旅游活动安排做到劳逸结合、有张有弛；遵循体验效果递进原则，在交通合理方便的前提下，同一线路旅游点的游览顺序应由一般的旅游点逐步过渡到吸引力大的旅游点。把高质量的旅游景点放在后面，使旅游者的兴奋度一层一层的上升，在核心景点达到兴奋顶点。“康西草原－龙庆峡－八达岭”二日游：第一天，直抵康西草原；第二天乘中巴去龙庆峡游览，午饭后再乘中巴抵八达岭，游完长城后，再乘长途汽车进京。该线路的第一站康西草原（2A）是一处融山、水、草原为一体的天然草场风景区，住宿于蒙古包或仿清小楼、民族式家庭小院，品尝蒙古特色的烤全羊、手扒肉、宫廷活鱼等。第二站龙庆峡（4A）是以登山划船为主要内容的旅游区，素有“小三峡”“小漓江”的美誉。最后一站游览雄伟壮观、举世闻名的八达岭长城（5A），使旅游活动达到高潮。这一线路的设计要明显优于逆向设计。旅游者的动机尽管多种多样，但究其共性都是追新猎奇。一条旅游线路中，除了包括必要数量的旅游热点景区外，根据旅游线路的主题和市场需求，应有针对性地选择一些新奇的旅游冷点景区，往往会达到出人意料的效果。在组合旅游线路时，要正确处理新奇和熟悉的关系，使两者有机结合，才能使旅游者在旅游活动中既得到追求新奇的满足，又不产生孤独、陌生及思乡之感。追求新奇占主导地位，也是旅游线路设计的主要依据。

3. 不重复原则

在设计旅游线路时，应慎重选择构成旅游线路的各个旅游点，最佳旅游线路是由一些旅游依托地和尽可能多的、不同性质的旅游点串联而成的环形线路，力避往返旅途重复，避免旅游者感觉时间和金钱的浪费。若各旅游点与旅游依托地距离在一天行程以上时，旅游者便没有必要返回依托地过夜，可以就近住宿，然后再往下一组旅游地，这便形成了环形旅游支线（见图 7.1）。当依托地周围的那些旅游点之间距离较远，而他们都与旅游依托地距离在一天行程之内时，为减少改换住宿地点的麻烦，增加游客的安全感，一般是重返原住宿处过夜，然后再前往其他旅游点，形成放射形旅游支线（见图 7.2）。这种旅游线路常见于短途旅游。

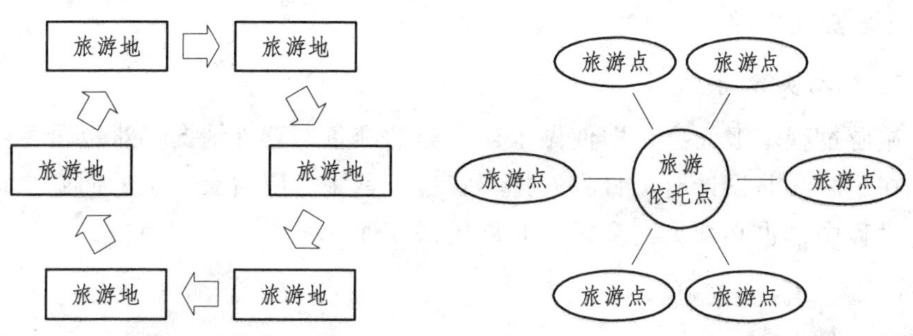

图 7.1　环形旅游支线示意图　　**图 7.2　放射形旅游支线示意图**

4. 多样化原则

组成旅游线路的各项内容，如旅游景点、旅游活动项目、餐饮、住宿、交通、服务的类型很多，完全有条件组合成多种类型的旅游线路以供市场选择。任何一次旅游中交通费用和食宿费用均占有相当大的比例，在具体的旅游线路组合中，可以选择不同类型的旅游点和不同等级的宾馆，分别组合成不同档次的路线供游客选用，以适应不同经济水平的旅游者的需要。要注意旅游线路上旅游景点及活动内容的多样化，总之，在旅游线路设计时，为增加旅游乐趣，景点选择要尽量富于变化，避免单调重复。

5. 时间合理性原则

旅游线路时间安排是否合理，首先要看旅游线路上的各项活动内容所占的时间位置和间距是否恰当。其次要在旅游者有限的旅游时间内，尽量利用快捷的交通工具，缩短单纯的交通运输时间，以争取更多的游览时间，并减轻旅途劳累。最后，适当留有自由活动时间，同时留出时间，以应付可能发生的意外。在旅游消费过程中，以时间为序的各项空间活动的准时性，是反映旅游业管理水平的重要标志之一。

6. 主题突出原则

主题和特色可以使旅游线路充满魅力，具有强大的竞争力和生命力。个性化旅游需求推动旅游走向主题化。旅游线路的特色或主题的形成主要依靠将性质或形式有内在联系的旅游点串联起来，并在旅游六要素方面选择与此相适应的形式。如丝绸之路旅游点：西安—敦煌—吐鲁番—（中东、欧洲与古代丝绸贸易有关的旅游点）。游览内容：参观文物古迹、了解民风民俗、观赏仿古歌舞（仿唐乐舞——思路花语）、品尝历史名菜佳肴、下榻有地方和民族特色的饭店、骑骆驼或乘坐毛驴车、旅游购物（古碑刻拓片、唐三彩）蜜月游主题旅游线路。

7. 机动灵活原则

旅游过程牵涉面广，即使做了最充分的准备，意外情况仍难以避免。因此，在旅游线路设计时，日程安排不宜过于紧张，应留有一定的回旋余地；执行过程中，也必须灵活掌握，允许局部变通。

8. 旅途安全原则

常见的旅游安全事故：交通事故、治安事故（盗窃、抢劫、诈骗、行凶等）、火灾、食物中毒等。在旅游线路设计的过程中，必须重视旅游景点、旅游项目的安全性，把游客的安全放在首位，对容易危及旅游者人身安全的重点地段、项目，提出相应的要求并采取必要的措施，消除各种潜在隐患，尽量避免旅游安全事故的发生。

【思考】

（1）选择旅游线路设计的八项原则中你认为最重要的三项是什么？并分别说明理由。

（2）你认为旅游线路设计中还应遵守哪些原则？说明理由。

（四）旅游线路的设计步骤

1. 旅游线路设计的基本内容

旅游线路设计需考虑四类因子：旅游资源（旅游价值）、与旅游可达性密切相关的基础设施、旅游专用设施和旅游成本因子（费用、时间或距离）。旅游线路是构成旅游产品的主体，包括景点、参观项目、饭店、交通、餐饮、购物和娱乐活动等多种要素。旅游线路设计包含以下两个方面的内容。

一是要确定线路名称。名称是线路性质、大致内容和设计思路等内容的高度概括，直接反映旅游产品的主题。线路名称应简短（4～10字），突出主题和富有吸引力。如："95 中国民俗风情游"旅游活动系列就是依托风格独特的民俗节庆活动逐月展开的，贯穿全年，基本涵盖了我国各个民族传统文化的特点，产品特点极为鲜明。

二是策划线路的具体内容。从形式上看，旅游线路是以一定的交通方式将线路各节点进行合理的连接。节点是构成旅游线路的基本空间单元，一般是城市或独立的风景名胜区。策划旅游线路就是从始端到终端以及中间途经地之间的游览顺序，在线路上合理布局节点。如"93 中国山水风光游"旅游活动推出了 14 条旅游线路，针对国际客源市场把全国的山水风光分为五大片，每大片有一个汇合点（黄山汇合点、黄果树汇合点、长白山汇合点、拉萨汇合点及桂林汇合点），其网络延伸点是张家界、天涯海角、华山、沙湖等。

2. 旅游线路设计的基本步骤

在旅游线路设计之前，必须首先搞清几个问题：第一，所针对的目标市场是什么，变化趋势如何，它决定了旅游线路设计的需求背景。第二，与接待国及地区经济发展水平、国际旅游发展水平、体制和管理水平等相联系的旅游供给一体化程度如何及国际旅游的产业内关联和协调能力如何。第三，旅游者在接待国及地区消费时，其行为的自主程度如何。或者反过来说，接待国政府和旅行机构在种程度上，以何种方式试图操纵和引导旅游客流？以上这些构成了旅游线路设计、销售的大背景。在一定时间内，旅游线路的设计和经营都受制于这些因素，处于初期发展阶段的不发达国家的国际旅游业尤其如此。

旅游线路设计包括四个阶段：第一，确定目标市场（游客群）的成本因子。它在总体上决定了旅游线路的性质和类型。第二，根据游客的类型和期望确定组成线路内容的旅游资源的基本空间格局。旅游资源的对应旅游价值必须用量化的指标表示出来。旅游者的体验水平可用旅游价值指标，如旅游吸引力或旅游吸引力加上设施水平来表示。第三，结合前两阶段的背景材料对相关的旅游基础设施和专用设施（住宿等）进行分析，设计出若干条可供选择的线路，以供不同层次的游客选择和拼合。第四，选择最优的旅游线路（可以有几条）。

旅游线路设计的九个步骤。

（1）实地考察与调查。

为了全面了解和掌握旅游线路设计所涉及的各个要素的历史、现状和发展趋势，旅游线路设计者必须深入旅游目的地的景区、景点进行实地考察，并走访旅游及其相关部门和企业，从而获取感官认识和第一手资料，即旅行社行业所俗称的“踩线”。实地考察要以重点资源为主，兼顾一般，对有潜力的新资源要予以充分的重视。同时，在条件允许的情况下，还应对旅游目的地的周边旅游景区进行考察，从而可以比较出该线路中景点的优势所在，明确与其他景点的竞争与合作关系。

调查可以采取访问、座谈、收集资料、抽样调查等多种方式进行。调查对象一般是旅游、交通、住宿、餐饮、娱乐、购物等企业和相关管理部门以及旅游者。内容包括各行业的历年统计数据、价格水平、发展规划、对未来潜力的预测，以及游客的评价和要求等。

例如，深圳中国旅行社在设计“丽江假期”线路之前，曾事先多方联系市政府、旅游局、深圳航空公司和地接旅行社，并邀请深圳电视台记者、报纸特约撰稿人专程赴丽江做了一周的实地考察，这些都为后来线路设计的成功打下了良好的基础。

（2）分析与预测。

分析与预测的出发点是客源市场，从客源市场的历年发展变化特点，市场细分、需求量、客源市场的分布一直到市场今后的发展趋势，然后根据市场状况，对各要素进行筛选和加工。旅行社通过广泛搜集与新的线路产品开发设计有关的信息，对构思进行可行性分析和研究预测，以得出不同的设计方案。

① 旅游线路的发展前途：市场大小；打入市场的可能性；需求的持久性；线路发展趋势；其他旅行社仿造的困难性。

② 销售市场：包括市场的需求量和需求时间；线路的销售范围和目标市场；线路产品的销售量和市场占有率；潜在旅游者数量及旅游者实际购买能

力；旅游者对新产品的要求和希望；季节变动对线路销售的影响；与旅行社现有产品的关系；线路的销售渠道等。

③ 竞争态势：包括开发设计和销售类似线路产品的竞争者数量；各竞争对手的产品结构、特点以及差异程度；各竞争对手采用的竞争策略、手段及变化情况；竞争对手的市场占有率和价格差；潜在竞争对手及他们进入线路产品市场的可能性。

④ 价格：包括竞争产品价格变动情况；旅游地类似线路产品价格方面的意见和要求；产品价格弹性。

⑤ 内部条件：包括旅行社设计线路所需的人、财、物的保证程度；旅行社的信誉度与管理水平；所需各种服务设施的供应能力和服务质量等。

（3）确定线路的品牌名称。

确定线路的品牌名称是线路的性质、大致内容和设计思路等内容的高度概括，因此整个旅游线路需要一个响亮的品牌名称。确定线路名称应该综合考虑各方面的因素，并力求体现简约、突出主题、时代感强、富有吸引力等原则。如"丽江假期"旅游线路，之所以要用这个名字，主要考虑到批发和通俗易懂的因素。标识中运用了至今还在使用的纳西族东巴象形文字——"伴"字，标志的整个轮廓又像云南特色的房子，一整块又像一个印章，便于在批发给其他旅行社时在栏内加盖。

（4）策划旅游线路。

策划旅游线路的始端是第一个旅游目的地，是该线路的第一个节点；终端是最后一个节点，是旅游活动的终结或整个线路的最高潮部分；而途经地则是线路中的其他节点，是为主题服务的旅游目的地。策划旅游线路就是从始端到终端以及中间途经地之间的游览顺序，在线路上合理布局节点。如"烹饪王国游"线路的始端是广州，终端是上海，途经地为成都、北京、南京和无锡，游览顺序即为"广州—成都—北京—南京—无锡—上海"。可以说，旅游线路一方面是对符合主题特色的节点城市或景区的选择；另一方面是对节点游览顺序的安排，应依据时间最短、费用最省、交通便利、合理搭配的原则进行全面考察、综合平衡及合理选择。

（5）计划活动日程。

活动日程是指旅游线路中具体的旅游项目内容和地点及各项进行的时间，应体现劳逸结合、丰富多彩、节奏感强、高潮迭起的原则。

【案例】

广州市丽景旅行社推出的“深圳、香港、澳门、珠海、广州等地六日游（北京发，深圳接，广州送）”日程安排见表 7.1。

表 7.1　广州市丽景旅行社港、澳、穗旅游线路日程安排

日程	行程	活动日程与景点安排
第一天	北京—深圳	晚上深圳接团
第二天	深圳	乘车游览深圳市区深南大道、邓小平巨幅画像、世界之窗
第三天	深圳—香港	乘火车赴香港、午餐后游览浅水湾、海洋公园、集古村、晚餐后观赏太平山夜景
第四天	香港	早游黄大仙、珠宝展示中心、艺术馆广场、维多利亚港、会展新翼、紫荆广场、欧洲名表、百货店、青马大桥观景台
第五天	香港	自由活动
第六天	香港—澳门	早餐后乘船前往澳门，午餐后游览大三巴牌坊、主教山、炮台山、妈祖阁、宝石城、盛世莲花、镀金望海观音像、澳凼双桥、跑马场（外景）、澳门四面佛、葡京娱乐场
第七天	澳门—珠海—广州—北京	拱北海关入境后游览珠海回归广场、情侣路、珠海渔女雕像、九州城门广场；广州中山纪念堂、越秀公园、五羊雕像；晚餐后，乘火车返回北京

（6）选择交通方式。

交通方式的选择要体现“安全、舒适、经济、快捷、高效”的原则。在具体选择交通工具时要注意多选择乘坐飞机，尽量减少旅行时间；少选择乘坐长途火车，以避免游客疲劳；合理使用短途火车，选择设备好，直达目的地，尽量不用餐的车次；用汽车做短途交通工具，机动灵活等。

（7）安排住宿餐饮。

吃、住是旅游活动得以顺利进行的保证，应遵循经济实惠、环境优雅、交通便利、物美价廉的原则进行合理安排，并注意安排体现地方或民族特色的风味餐。当然，旅游者有特殊要求者除外。

（8）留出购物时间。

在线路设计时，应注意将线路上旅游商品最丰盛、购物环境最理想的景点，遵循时间合理、能满足大部分游客的需要，不重复、不单调、不紧张、不疲惫的原则尽量安排在线路所串联景点的最后。

（9）筹划娱乐活动。

娱乐活动要丰富多彩、雅俗共赏、健康文明、体现民族文化的主旋律，达到文化交流的目的。

【延伸阅读】

我国旅游线路及设计研究述评

（1）我国旅游线路及设计研究概况。

国内学者在旅游线路设计理论方面的研究多是感性认识和一般理论探讨，关于旅游线路的定义还没有形成统一的意见，对具体设计的深层面机制分析明显薄弱。我国关于旅游线路设计的研究处于起步阶段，尚未形成一套完整的理论体系。

（2）我国旅游线路设计中存在的问题。

① 就线路论线路。

我国国内旅游线路设计中就线路论线路的现象十分明显，忽视了其他因素和合力效应。旅游业涉及“食、宿、行、游、购、娱”等，旅游线路在设计当中也应该综合考虑这六大要素，避免因遗漏某一因素而带来不足和缺陷。

目前，对旅游线路设计的研究尚处于起步阶段，从研究区域来看，我国学者的研究只局限于对国内和区域性旅游线路的策划及设计研究，对于跨国（国际性）旅游线路的研究不多，对旅游线路及其设计的深度和广度都应该拓宽。在基本理论上，旅游线路设计的研究多采用个案研究方式，即对某个特定区域的旅游线路进行归纳总结，缺乏共性和一般规律性研究，对蓬勃兴起的旅游活动的现实指导意义不强。旅游线路设计研究应向多学科、多层次综合研究发展，包括旅游学、地理学、美学、生态学、环境科学等，特别是要吸收现代休闲理论和区位理论的内容和方法。此外，对旅游线路设计的定量研究还处于起步阶段，理应得到更多重视。

② 线路设计不合理。

旅游线路设计片面追求将所有热点串起来，既不能使游客心理上获得最大满足，又造成了不必要的资源浪费。缺乏对客源市场的调查分析，旅游线路创新的主要依据应该是客源市场最新的动态变化，但目前旅行社对客源市场调查分析以及所投入的资金都相当有限。

从研究成果来看，对国外相关研究成果的论著介绍和翻译不多，即使是国内的著作，专门对旅游线路进行理论研究的书籍也很少，而且大多是对已经比较成熟的旅游线路做介绍。许多研究成果是根据区域旅游资源的状况得出的结论，具有相当程度的主观性，而国外相当多的研究成果是建立在市场抽样调查数据基础之上的，具有较强的客观性。

③ 线路类型不符合市场需求。

目前的线路设计无论是区域线路还是短途线路都主要集中在周游型线路，逗留型的线路不多。随着旅游业的不断发展，市场不断拓宽，人们的需求越来越多样化，参与性旅游产品备受青睐，对逗留型旅游线路的需求增强。从旅游经济学角度来看，周游型线路表面上带来比较高的人均利润额，但该类型线路的单位产出所需社会总投入较高，对交通部门的压力较大，如果从旅游收入中减去为销售这线路而投入的人力、资本和资源，和逗留型线路相比，其实际的旅游净收入较少。而逗留型线路，使同一旅游者重复利用线路的可能性变大，且旅游者在目的地停留和活动的范围比较小，因而要求的社会总投入也相应减少。

我国旅行社所面临的国内市场以观光客人为主，且消费层次不高，消费经验欠缺，比较热衷于走马观花式的游览。另外，我国的旅行社缺乏引导市场消费、开拓新产品的能力和动作经验，因此，众多的旅行社长期局限于在同质、缺乏个性的旅游线路产品上进行竞争。这些项目千篇一律地使用周游型线路，而要想在激烈的同质化竞争中取胜就必须压低价格，低价成了取悦潜在市场的法宝。此外，虽然各旅行社都没有散客部，但由于散客旅游经营的人均利润额较低，各旅行社大多还没有重视正日益兴旺的散客旅游市场，旅行社经营销售的基本为一体化服务的包价旅游线，散客线路少。

④ 线路设计更新缓慢。

旅游线路老化是旅游业内公认的通病，其中的一个重要原因就是旅行社对旅游新产品的开发缺乏主动性。据有关部门统计，我国现有各类景区景点1 万多处，旅游资源可谓十分丰富，但遗憾的是为数众多的旅游资源并没有转化为具有吸引力的旅游产品。即便是在国内旅游主要客源地的上海，400多家旅行社推出的旅游线路也只有六七十种，远不能满足市场的需求。

⑤ 线路设计研究人员较少。

由于人们对旅游线路所发挥的作用没有引起足够的重视，因此，国内对旅游线路设计研究较为深入的学者并不多，其研究也没有形成规范的体系，在旅游线路设计理论方面的研究多感性认识和一般性理论探讨，对具体设计的深层面的机制分析明显薄弱，对影响线路设计的要素分析有待深入。

⑥ 旅游线路设计以旅行社为中心。

旅游线路在实施过程中很大程度上以旅行社的意志为核心，没有考虑旅游者的意愿。而且大部分旅行社都从经济利益出发做短期的盲目的设计，毫不顾及旅游者的感受和长期的打算。另外，旅行社对于线路缺乏创新意识，许多热门线路在不同的旅行社是相同的，事实上线路的创新是旅行社发展的重要途径，但是总得不到很好的实施。

目前，我国对旅游线路的产权没有明确的界定。一方面，旅行社开发旅游线路的行为得不到补偿，挫伤了旅行社开发新线路的积极性；另一方面，大小旅行社竞争有限的热点旅游线路，旅游线路拥挤使用现象十分突出。近年来，旅游线路专营一时成为中国旅游界讨论的一个热点。

（3）我国旅游线路设计的发展趋势及对策。

① 我国旅游线路设计的发展趋势。

未来的旅游线路设计将朝着市场化、专题化、精致化的方向发展，将更体现人文、生态和可持续的发展理念。旅游线路设计将更加具体、深入和专业，带有研究和探索性的地方性线路规划是一个发展方向；朝着精致化的方向发展；中外同行竞争态势更加明显的情况下注重创新；可持续发展深入人心。

② 旅行社在旅游线路设计中应采取以下措施。

第一，细分市场，做好旅行社产品的市场定位。

欧美国家的旅行社业发展到今天的结构格局，经过了一系列的竞争、淘汰、分化整合的市场变迁过程。以旅游批发商为例，他们竞争的关键就是低廉的价格和物有所值的产品。有实力的批发商可以从旅游单项产品供应商那里获得更大的竞争优势，经过了市场的选择和淘汰，其中一些旅游批发商转变自己的市场定位，专门从事生产满足特种需要的旅游产品，在较小的市场份额中凝聚起产品优势，构建自己的市场壁垒，直接避开大型批发商的价格优势，稳固了自身的生存空间。

在我国，旅行社之间长期处于一种恶性价格竞争的态势。这种状况对旅行社业的发展极为不利。当然，也许正是需要这样一段痛苦的过程完成旅行社行业的优胜劣汰、分化整合，才能使市场变得有序而成熟。但是现阶段各家旅行社可以吸取西方发展的经验，评价自身的优势和市场需求的形势，找到最契合的市场位置，提早避开价格竞争。因此，根据需求细分市场，进行准确的线路市场定位是在顾客导向的市场观念植入旅行社企业之后的最优道路选择。

针对日益兴盛的散客旅游市场，旅行社应积极开发适于自助旅游的产品，拓展经营空间，为散客设计拼合式旅游线路，或担当起旅游出行信息提供者、咨询顾问的角色，根据旅游者的特殊需求为其量身定做，以便在富有个性的旅游线路上有所创新和发展。

第二，寻找旅游产品中的差异化要素。

在旅行社的产品市场上，构成线路产品的旅游资源和旅游空间具有明显的公共物品性质，各旅行社与景点组成的旅游线路之间不存在产权关系，所有旅行社对这些线路的消费都是非竞争性的，不存在进入壁垒，所以任何一家旅行社都不可能对某一线路具有垄断的经营权。这是造成当前中国旅行社产品雷同、绝大多数旅行社不进行产品开发的根本原因。为了旅行社业的健康发展，应该对现有产品进行深入细致的开发，寻找雷同旅游产品中的差异化要素。一是一个旅游区内的若干旅游景点分布在不同空间位置，对这些景点游览的先后顺序的各种串联方式形成不同的游览线路。由于各个景点的类型和吸引力级别的差异，不同顺序的旅游线路会给游客带来不同的整体感受。二是在游线中串联着若干景点，每个旅游景点因自身的特征不同而各有其不同的最佳观赏时间。例如，主景为水体的景点以清晨游览为佳；观赏植物为主的景点多以下午为佳；以山体为主的景点一般傍晚较好。三是不同的浏览行进方向还会使游人对沿途景物的观赏角度发生变化，而同样的景物若以不同的角度观赏，会产生不同的观赏效果。所谓“横看成岭侧成峰”就是以不同的视角对同一山体的不同观感的写照。

第三，注重价值创造、价值增值，塑造全新的价值链模式。

对于旅行社来说，当务之急是对旅游产品设计、宣传、销售等尽可能多的环节开展创新，以每个环节的细小差异，塑造出整体上与其他旅行社迥然有异的旅游线路产品。比如，一些旅行社可以与保险业、银行业合作形成战略同盟关系。在旅游服务、保险产品（如旅游质量险等）和金融支持（如银行提供小额的旅游融资或者对旅游者的长期旅游计划进行财务管理、理财建议等）的结合上做足文章，从而尽可能地满足顾客的需求。在这种情况下，竞争对手完全“克隆”整体链条，生产出完全相同产品的难度将远远超出想象，而旅游线路同质化的问题自然也将迎刃而解。

江南六大古镇：江苏的周庄、甪直、同里，浙江的西塘、乌镇、南浔。它们是我国江南水乡风貌最具代表性特征的地区，都以其深邃的历史文化底蕴、清丽婉约的水乡古镇风貌、古朴的吴侬软语民俗风情，在世界上独树一帜，驰名中外。

六大古镇是江南水乡古镇的代表，既有共同点又各具特色。周庄开发得最早，知名度也最高；南浔文化底蕴最深，单个景点很有味道；乌镇旅游做得很成功，是博物馆式的古镇，几乎没有原居民；西塘面积最大，廊棚、古弄很有特色；同里，因明清文物古迹遍地的特色而闻名于海内外；甪直，区位优势明显，水陆交通便捷，历史文物众多，人文景观棋布，宗教建筑较多。周庄乌镇发展现状：竞争无序，缺乏共同发展观念发展现状：竞争无序，缺乏共同发展观念。

江南六镇同处苏南浙北，且各镇的旅游产品非常相似，为了抢占有限的市场份额，相互间的竞争非常激烈。古镇内部的旅游经营者也缺乏规模大、势力强的大公司大企业，他们不顾及古镇的长远发展，无序竞争、相互压价。

在开拓旅游市场上仍然各自为战，缺乏共同发展的观念。各古镇还片面追求某方面的“第一”，如中华第一、神州第一、江南第一等，不仅不利于古镇的可持续发展和市场结构优化，而且容易在旅游者心中产生错觉和困惑。

大多数游客对江南古镇的印象较为统一，无非就是“小桥、流水、人家”，游客觉得所有古镇没有什么差别，这是古镇发展的一大弊端。

虽然在外观上，江南各古镇颇为相似，但实际上，各个古镇是有自己不同的历史特色的，所以各镇应该彰显自己的特色。

比如：周庄自称“中国第一水乡”，前街后河、前店后房、商业繁华，是典型的江南河街式贸易集镇；西塘则是“生活西塘”，游客可以看到农家阿婆在河边洗衣洗菜，富有生活气息；同里是“颐养天年的乐土”，有着宁静的水乡居住环境；而“财富南浔”则充满了浓厚的文化气息和财富气息；甪直是以寺兴庙、以庙兴镇的典型，体现宗教古镇的特征；乌镇则是典型的人家尽枕河，是优雅的河街市镇，体现出茅盾笔下林家铺子的风情，有“诗画乌镇”之称。

江南古镇应进行整合营销。六镇在凸显自身特色的前提下，要对外树立整体旅游形象，塑造共同品牌；共同制定宣传推广的方案，统一宣传。

江南古镇应加强各种信息的交流。各镇要注意相互间信息的沟通，实现信息资源共享，共同发展。

（五）广安旅游线路设计案例

1. 城市风光旅游线路

城市风光旅游区包括渠江大道、渠江公园、思源广场。

（1）广安邓小平故居一日游（本线路由重庆春江国际旅行社有限公司提供）。

预订价格：¥ 10 ~ 240 元（网上支付立减，点评奖金）。

提前报名：请至少提前 2 天报名，出行天数：1 天。

发团班期：天天发团。

付款方式：网上付款、信用卡付款、门市付款。

出发城市：重庆、更多出发城市。

目的城市：广安市、广安市天气预报、广安市旅游指南行程介绍。

早上 08：30 在指定地方集合，9：00 出发乘车至广安（重庆至广安 125 公里、车程约 2 小时左右），到广安后游览西南地区第一大广场——思源广场、世界之最——青铜宝鼎；中餐后游览中国改革开放总设计师邓小平同志故居（游览时间约 2.5 小时）：小平纪念园、清水塘、德政牌坊、洗砚池、神道碑、铜像广场、蚕房院子、邓家老井、翰林院子，后乘车至佛手山（车程约 10 分钟、游览时间约 45 分钟），了解邓家祖坟传说，后怀着对邓小平的念念之情返回重庆，结束愉快旅程！

- 在不减少旅游景点和标准的情况下，旅行社有权调整行程和住宿地址。
- 游客进入景区游览时，严禁踏入景区规定禁止进入范围，否则造成游客受伤事故，旅行社不承担责任。
- 如遇人力不可抗拒的因素（如塌方、塞车、天气、航班延误）造成行程延误或不能完成景点游览，旅行社不承担责任。

费用包括：

- 餐饮住宿：正餐八菜一汤。
- 交通保险：全程空调旅游车。旅游保险 10 万/人。
- 导游门票：全程优秀导游。景点第一门票。
- 其他内容：线路报价以报名时的价格为准。
- 费用包含：中餐，往返车费，所列景点门票，全程导游服务。

沿途景点：邓小平故居。

接待标准：

- 交通：空调车；车况良好，经检验合格，具备旅游营运资质，保证游客一人一座。
- 门票：所列以上景点门票。
- 导服：持证导游讲解服务。

• 餐：一正餐；正餐为八菜一汤、十人一桌/不含酒水/用餐时间约 40 分钟。

• 保险：我社只含旅行社责任险；本社可以为旅游者代办购买旅游意外险；如因交通意外事故造成客人人身伤害及财物损失，按照《中华人民共和国道路交通事故处理办法》进行赔偿，解释权及理赔权由保险公司负责。

用餐地点：随苑餐厅、三丫头餐厅或协兴心怡农家乐。

费用不包括：

友情提示：故居内电影短片（讲述小平一生）10 元、故居内电瓶车 5 元/人或 200 元/台包车（自愿原则）。

报名须知：

• 请在每条线路的预订中，仔细填入准确的相关信息。我们一收到您的报名申请，将立即向您回复确认。

• 网站上的行程及价格仅供参考！请在预订前咨询准确的报价，旅游的行程以在签订旅游合同时我们提供的行程为准！

• 我们承诺：凡网上预订者，如果您的预定正式生效，签订合同的，出发时价格已上涨，您将享受合同预定时所确认的价格；如果价格下降，您将享受下降后的价格。

途经景点：

邓小平纪念园邓小平故居。

（2）小平故居、神龙山一日游。

邓小平同志故居是具有浓郁川东风情的农家三合院，被当地的老百姓亲切地称为“邓家老院子”。1904 年 8 月 22 日，中国社会主义改革开放和现代化建设的总设计师——邓小平同志诞生在这里，并在此度过了 15 载难忘的童年和少年时光。故居坐东朝西，占地 833.4 平方米，有 17 间房屋，分正房、左厢房、右厢房。粉墙黛瓦，木柱石础，青石铺地，院内铁树绽花，屋后竹影婆娑，庭前荷塘泛绿，自然景观颇为壮观，与四周相映成趣，充盈着浓郁的蜀乡风情。1998 年 2 月 19 日，江泽民同志亲笔题写“邓小平同志故居”。1997 年邓小平故居被定为全国爱国主义教育基地，2001 年被定为全国重点文物保护单位。

行程安排：

早餐后乘车至伟人故里，车观新区、绿色长廊，游览小平故里（观邓绍昌墓、铜像广场、邓小平陈列馆、邓小平故居、邓家老井、洗砚池、清水塘、神道碑、德政坊等)，牌坊新村，佛手山景区。午餐后乘车至神龙山巴人古堡风景区，位于市区南部 1.5 公里，占地 200 余顷，相对高度 81 米，因其山势突兀险要，蜿蜒欲飞呈滕龙之状而得名，主要景点由龙门关、土丹湖、龙台三部分构成。晚餐后可游览广安城市夜景（思源大道，思源广场——世界最大的青铜宝鼎——“实事求是”宝鼎，并观看水幕电影、音乐喷泉）。

住：广安【早 中 晚】。

服务标准：

- 门票：佛手山 7 元/人、神龙山 10 元/人。
- 用餐：2 正 1 早正餐为（10 人 1 桌 10 菜一汤）15 元/人/餐×2=30 元/人。
- 住宿：双人标间 90 元/间。
- 导服：优秀导游服务 80 元/团×1=80 元。

以上价格为自带车价格，如需安排交通，费用视具体情况而定。

备注：

- 行程中客房安排为双人标准间，若出现单男单女，我社有权安排三人间，免司导房。
- 组团社自带车，不含旅游意外险。
- 此为参考行程，在不影响景点游览的前提下，地接社可视情况适当调整顺序及住宿地。
- 如遇人力不可抗因素或同家政策等人力不可抗因素造成的滞留或其他损失，我社只退还门票差额，不承担由此造成的损失和责任。

联系电话：2324×××，2324×××，2345×××。

质量监督：

唐××：15983460×××，13982622×××

地址：广安市广惠街×号。

网址：http://WWW/SCXWTA/COM。

七、课后作业

每个学习小组设计一条学院周边旅游线路，推荐代表介绍所设计的线路，并试着进行现场讲解。

任务二　设计广安绿色旅游线路

一、任务准备

（一）任务目标

设计一条广安绿色旅游线路。

（二）任务场景

安辑设计出一条校园周边旅游线路，打算再设计一条广安绿色旅游线路，以提高设计能力。他应该怎样提高呢？请你替他完成这个任务。

二、任务分析

在清楚旅游线路设计的指导思想，旅游线路设计的原则，特别是要掌握旅游线路设计的流程后，进行实地考察或资料收集，确定游客人群，了解广安价值较大的绿色旅游景点或景区，围绕确定的绿色旅游主题进行取舍，用交通串成线。

三、任务分派

（一）个人任务

（1）巩固旅游线路设计理论（线路设计指导思想、原则、步骤）。

（2）考察与调查。

（3）资料收集与整理。

（二）小组任务

（1）分析预测。

（2）线路策划。

（3）日程安排。

四、任务实施

（一）个　人

进一步学习旅游线路的设计原则、设计步骤。

根据所分任务了解广安绿色旅游资源，整理资料并介绍交流。

（二）小　组

讨论线路销售对象，确定线路名称，确定线路吃、住、行、游、购、娱等内容，整理所收集的资料。

设计一条绿色旅游线路并模拟讲解。

五、任务总结

通过绿色旅游线路设计，全面提高学生资源采录、路线设计能力。

六、知识总结：绿色旅游线路

1. 绿色广安一日游（广安宁祥旅行社推荐）

行程亮点：

智者乐水，仁者爱山，走进青山绿水的怀抱华蓥山洞中天河、中华大盆景。

行程安排：

早 08：00 从集合地点出发经华蓥、邻水至华蓥山洞中天河景区，欣赏集华蓥山千峰万水于一水的奇特景观，在游览水雾弥漫的迎宾瀑、一夫当关万夫莫开的石门关、深不可测、别有洞天的老龙潭、犹如天河泄地的千丈瀑布时尽览华蓥山水的胜景；在惊见洞中活佛、导弹发射井、落差高达 80 米的洞中天河后您不禁会感慨大自然造物的神奇；结束洞中天河的神奇之旅后，乘车至华蓥山石林。游览中华大盆景景区：找寻藏身于花草树木之中的超级盆景，见证公主和王子一吻千年的坚贞爱情，参观华蓥山名人蜡像馆、华蓥山地质博物馆、华蓥山游击队纪念馆。游览完后乘车至广安散团。

服务标准：

- 交通工具：空调旅游车（每位客人一个正座）。
- 餐饮：一个正餐，正餐十菜一汤，十人一桌。
- 门票：所列景点首道大门票。
- 导服：全程导游服务。
- 保险：旅行社责任险，旅游意外保险。
- 报价：238 元/人。

温馨提示：

- 我社可提供包车、导游、门票等单项服务。
- 我社将根据天气情况调整行程景点先后顺序。

联系方式：

- 公司名称：广安××旅行社。
- 公司地址：广安市建安南路×号江北机场广安候机楼。
- 联系人：小付。
- 咨询电话：0826-2600×××，2319×××；

2. 广安赏花游

【延伸阅读】

3月去哪里赏花？

三月，正是春光烂漫，踏青赏花之际，让我们一起走进春天，感受广安乡村旅游的发展成果和家乡花团锦簇之美。

桃花篇

华蓥市广安蜜梨度假村桃花

岳池县同兴镇桃花

“半沟桃花半沟红，青山藏在胭脂中。”如此惊艳的诗句描绘的正是桃花的美景。每年三月，在岳池县东板乡桃花沟，成片的桃林流淌着娇艳欲滴的粉红，葱翠的青山与绵延的桃林交相辉映。恍惚间，宛如走进了陶渊明笔下的桃花源，超然脱俗，令人心醉。

此外，邻水县观音桥镇六合寨、华蓥市广安蜜梨度假村、庆华天龙山、广安区千亩桃花基地也有上千亩桃花。这些地方的桃花同样次第盛开，吐露着芬芳，开出璀璨的美丽，宛如美人的笑靥，妩媚动人，撩拨着蜂蝶流连，含情脉脉地等待着游人前去观赏。

梨花篇

古诗云：“千树万树白玉条，过临村路傍溪桥。不知近水花先发，疑是经冬雪未消。”赞的就是春之梨花。阳春三月，踏青自然少不了观赏梨花，最佳去处莫过于全国休闲农业与乡村旅游示范点、国家 2A 级景区——广安蜜梨度假村。

走进梨园，置身花的海洋，便会想起唐代著名诗人岑参《白雪歌送武判官归京》的诗句，感受到“忽如一夜春风来，千树万树梨花开”的壮美意境。那一片片纯白似雪花般的梨花如香雪，似美玉，风情万种，美不胜收，漫山遍野，到处是一片“雪”的海洋，那种铺天盖地的恢宏气势，令人怦然心动。微风拂来，花枝随风而动，仿佛一位俊雅的后生，轻摇羽扇，潇洒飘逸；又像一位白衣仙子，衣袂飘飘，随风轻舞，袅娜多姿，在梨花烂漫中闻花香听鸟语，饱览明媚春光，游客可以充分享受到梨花盛开带来的浪漫春景。

樱花篇

初春时节，乍暖还寒，日渐明朗的暖阳，释放着春天的气息。邻水县冷家乡的樱花也不甘示弱，织就着春之图画。大片如雪似霜、如云似霞的樱花红白交织，漫山遍野，摇曳生姿。

每朵樱花里都端坐着一个欢快的春姑娘，充满灵气，惹人怜爱。粉蕊白瓣的樱花呈伞状缀满枝头，远远望去似雾凇、似雪花一般。小小的花朵儿精致而轻盈，好似长着白色翅膀的小蝴蝶，落在樱花树的枝梢上小憩，并且随时都准备飞走一般；又宛如出嫁新娘的笑脸，幸福喜悦里还透着一丝羞涩。

樱花当然不止纯洁的白色，还有热烈的红色，遥看仿佛一团火在枝头燃烧着。置身樱花海，不时有一瓣瓣花片飞落在游人身上，一缕缕的花香潜入人的肺腑。无数赏花之人细细地品鉴着樱花之韵，如痴如醉，眼里眉梢都绽放着笑意。樱花的香有些淡雅，没有桃花的浓烈，也没有梅花暗香浮动。她淡雅得有些特别，特别得有些含蓄，一如情人离别后淡淡的思念；她的香味，需要静心、闭眼、品味、想象，才能沁人心脾、飘荡心间。

油菜花

在广安区现代农业园区万亩油菜花基地、邻水县王家镇万亩油菜花基地、华蓥市华龙街道东方村、沙坝村等地，大片油菜花成为让心休息的美丽桃源。

它们无边无际地散漫在公路的两旁，将大地染成了一片金黄，那带着泥土气息的花香十分清新，让人心醉。

“百亩庭中半是苔，桃花净尽菜花开。”这是唐代大诗人刘禹锡描写油菜花的诗句。阳春三月，粉红桃花落英缤纷新叶泛绿时，金黄的油菜花欲抢占春天的席位，尽情怒放，惹得踏青的人群和蝴蝶蜜蜂纷纷涌进田野，享受遍地金黄。举目远望一片接连一片的油菜地，宛如织好的金色绸缎抖落在那里，一览无余，具有强烈的视觉冲击力。和风卷起一层层金浪，仿佛与多姿多彩的油菜花融为一体，置身于另一个超凡入圣美好的世界，顿感春光无限美好。

李花篇

在邻水县柑子镇、华蓥市天池镇仁和村、岳池县排楼乡龙井沟村等地，走进李子园，放眼望去，满眼尽是花簇缀枝的小白花，像是一堆白雪盖在枝丫上。这些花儿张开着花瓣，你挨着我，我拥着你，密密麻麻地串在树条儿上。穿梭在漫山遍野的李花中，调皮的李花会乘着微风逗留在游客的发梢、肩上，似乎要与游人结伴而行。徜徉李花间，弥漫着醉人的芳香，使人在自然、自由、开心、健康的旅行中获得心理上的彻底释放，仿佛置身于正待融化的白雪世界里。

华蓥市天池镇仁和村李花

五彩斑斓的春天，正是踏青赏春的好时节，千万不要错过这美好的赏花期。你还在犹豫什么，走出家门，放松心情，置身花丛中，尽情拥抱春天，感受春的气息吧！

广安区现代农业园区万亩油菜花

广安区现代农业园区万亩油菜花基地位于广安区悦来镇马坝村、马灯村、花莲村等 5 个村境内，自开花到 3 月 11 日左右，开花面积可达 70%，花期约 20 天。该基地内水泥路四通八达，方便私家车游客出行。基地距广安城区 23 公里，开车仅半小时车程。

交通线路：广安城区—协兴镇—崇望乡—悦来镇马坝村，沿途路况为沥青公路和水泥公路，交通便捷。也可到广安城区汽车站坐广安至大安、广安至悦来的班车到达。

大安镇千亩桃花基地看桃花

广安区千亩桃花基地位于广安区现代农业园区大安镇福城村，该基地于2014年11月份栽植优质桃树，3月中旬可开花，花期约20天。福城寨位于福城村内最高位置，站在寨顶可俯视周围的桃花基地。

交通线路：广安城区—协兴镇—崇望乡—悦来镇马坝村。也可到广安城区汽车站乘坐广安至大安、广安至悦来的班车到达。（张国盛）

王家镇看油菜花

该镇发展了近万亩油菜花，主要打造了从寒坡岭到峡马口近十公里的“观光走廊”。油菜花开放，预计花期20天左右。油菜基地的基础设施较为滞后，基本都是田间小道，不过从寒坡岭到峡马口近十公里的“观光走廊”交通便利，可以直接在公路上欣赏。

交通线路：沪蓉高速公路石滓出口—王家镇。

柑子镇观李花

柑子镇李子园占地2 000余亩，涉及柑子镇栀子、岐山、天子三个村，李子园旁边还修建了一个占地20余亩的度假村。度假村高规格打造，有客房12间，两个可以容纳20桌酒席的大厅，4个雅间，有可以容纳500人左右的会议室，度假村里还有两个鱼塘，打造了两条休闲长廊，一个原生态的儿童游乐场等。食宿方便。

交通线路：李子园离邻水县城仅十几分钟的车程，包茂高速柑子出口—柑子镇。

观音桥镇看桃花

观音桥镇六合寨桃花园，占地300亩，3月中旬开花，花期20天左右，同时还有100亩梨花、100亩桂花。园里基础设施比较好，旅游环线全是水泥路，上面开了一家名叫红石崖的休闲山庄，停车、吃饭方便。

交通线路：邻水县城沿210国道向达州方向大约15分钟车程，经过几分钟的碎石路即到。

冷家乡赏樱花

冷家乡五家沟花卉基地种植有400亩樱花，三四月份这里的樱花迎春绽放，灼灼其华。该基地由望天树公司规划种植名贵树种花卉3 000亩，主要培植樱花、青枫、红枫、紫薇、海棠、金桂等品种，目前已定植1 500亩22.5万株，投入资金850万元。

交通线路：从邻水县城出发走省道过观音镇可达冷家乡，再由冷家乡走通村公路过仁和新村就可直达五家沟花卉基地。

广安蜜梨度假村赏梨花

全国休闲农业与乡村旅游示范点、国家2A级景区—广安蜜梨度假村春季梨花盛开，白如碎玉，漫山遍野，到处是一片“雪”的海洋，那种铺天盖地的恢宏气势，令人怦然心动。置身其中，沐浴在“千树万树梨花开”的意境之中。广安蜜梨基地核心地1万亩，农民辐射种植3万余亩。基地置有农家乐，可娱乐、可餐饮。基地梨花大约在3月15日前后开放，花期10天。

交通线路：华蓥—禄市，或华蓥—前锋的班车在七一桥处下车。

华龙街道、庆华镇看菜花

在华蓥市华龙街道东方村、沙坝村一带种植有200余亩油菜，春天里，油菜花争芳吐艳，美不胜收。花地旁有“不履邪径”的古老景点，有着许多古老的传说。在庆华镇黄桷村一带，种植有500余亩密密麻麻的油菜，阳春三月，花儿开放，将大地染成了一片金黄，扑鼻的花香，让游人倍感心情舒畅。

交通线路：华蓥—沙坝或华蓥—溪口，再转左家坪班车到四脚碑下车步行1公里到黄桷村。

广安蜜梨度假村、庆华桃花山赏桃花

广安蜜梨度假村、庆华天龙山的桃花，粉如胭脂，随风轻摇芬芳旖旎，蔓延在翠绿的田野间、山坡上。春光无限，人面桃花相映红，为你妖娆为你痴。广安蜜梨度假村的桃花近百亩，庆华天龙山的桃花约300亩。

交通线路：华蓥—禄市或华蓥—观音溪，再转庆华班车即可。

天池镇赏李花

天池镇仁和村枝头挂满绽放如雪的李花，处处呈现出乡村田园的秀丽景色，人行其中，身心得到彻底释放，仿佛融化在白雪的世界里。天池李花约有 200 亩，赏花后可游览天池湖和鹅峰庵等景区景点，还可在多个农家乐享受美食。

交通线路：华蓥—天池。

高兴绿旺草莓基地摘草莓

高兴草莓基地，成片的熟透的绿叶红莓挂满枝头，红的娇艳，绿的清新，映散着自然的亮泽，在一排排的草莓垄中，肉质肥嫩、色泽鲜艳的草莓簇拥在绿叶周围，一颗颗色泽饱满、味道可口的千亩生态草莓任你摘!高兴草莓基地连片种植约有 300 亩。

交通线路：华蓥—高兴。

华蓥山旅游区看山花

华蓥山樱桃花、梅花、山茶花、各种野花明艳动人，煦风起时，浓艳的花瓣，纷纷扬扬飘散在空中，非常浪漫。春游华蓥山，满目苍翠令人心旷神怡，悠然自得，给自己心灵来一次贴近大自然的幸福滋养。

交通线路：华蓥—华蓥山旅游区。（王晓均，杨天军）

山庄赏花

从武胜县城乘坐公交车，沿国道 350 线，到达鸣钟乡大石村桃园山庄、结义山庄，此处有桃花、李花 200 多亩，3—4 月赏桃花、李花等。山庄按照休闲观光旅游打造，游步道、骑游道、休闲亭等基础设施配套，棋牌娱乐、品茶休闲、农家乐等休闲娱乐设施齐全。

交通线路：武胜县城乘公交车可达。

白坪—飞龙乡村旅游度假区赏花

景区“吃住行游购娱”旅游设施配套，游客可租赁自行车游览，也可坐观光车游览。主要赏花景点有两个：一是四季花海景区，依托种花业主张云华牵头成立的“治云花卉合作社”，初步建起 1 000 亩花卉基地，四季有花；二是澄海阳光景区，依托万亩甜橙基地，建起旅游一条街、柑橘品比博览园，在 3—5 月的甜橙花期，细闻橙花清香，了解柑橘文化精髓。

交通线路：广安中心汽车站乘广安至武胜班车可达。

水上赏花

春季是油菜花、菜花、桃花、李花等开花的季节，依托嘉陵江，游客可以在武胜县城沿口码头坐画舫游船，赏两岸花景，乘坐画舫游船、快艇两个档次的游船，游览时间分别为 1 个半小时、30 分钟左右，画舫游船的票价为 30 元，快艇到桐子壕电站票价为 40 元、到嘉陵江二桥的票价为 60 元。还可在太极湖旅游区坐客船或租船游湖，游湖时间 2 小时左右，两岸花景美不胜收。

交通线路：武胜县城沿口码头坐船。（文伟，张建斌）

伍山农家赏桃花

伍山农家位于前锋区龙滩乡伍山村，距离广安城区四十多公里，以“游山、玩水、赏花、观景”为主线，让游客全方位欣赏龙滩桃花源般的美景。伍山农家桃花林占地约 800 余亩，花期约半个月，3 月 16 日，伍山农家乐将举办“乡村旅游文化节”，届时 800 亩桃花将向游人展露芳华。另外，伍山农家开发的“巴蜀奇源”也以清凉、纯净的山泉水对外开放。

交通线路：广安—前锋—龙滩乡伍山村。

大良古城看菜花

大良城位于前锋区小井乡，是一座历史文化底蕴非常厚重的古城遗址，面积约 1.5 平方公里，其中油菜基地占地 300 余亩，花期接近一个月。进入 3 月后，大片大片的油菜花如期绽放。置身于田野，观赏油菜花，呼吸清幽幽的香味，让人心旷神怡。

交通线路：广安—前锋—小井乡大良城。（甘风云，蒋燕妮）

石垭镇赏梨花

来到岳池县，赏梨花要首选石垭镇马纳沟村。该村距离岳池县城约 15 公里，500 亩梨花 3 月 6 日到 16 日争相绽放，洁白如雪的梨花压满枝头，一阵微风拂过。片片梨花伴着清秀的香气，漫天飞舞，甚是令人心旷神怡。

交通路线：岳池红庙高速路出口—马纳沟（原人民果园）。

同兴镇看桃花

看完雪白梨花，距离县城约 25 公里的同兴镇蒲家沟村、袁家村 2 500 亩烂漫盛开的桃花园也不容错过，3 月 20 日至 4 月 5 日，大片大片的桃花争奇斗艳，竞相开放，美不胜收，恰是一派“人面桃花相映红”的景象。

交通路线：岳池县城—同兴镇（蒲家沟村）。

排楼乡赏李花

在距离县城约27公里的排楼乡人和村、龙井沟村、汪家沟村2 000余亩的李子花，3月20日左右进入盛开期，如雪的李花，醉人的芳香，沁人心脾……趁着春光明媚，不妨带上家人来现场感受一下吧。

交通路线：岳池县城—白庙镇—龙空镇—排楼乡（吕清辉）。

3. 广安绿色五日游

线路特色：

广安是一个很有纪念意义的旅游城市。广安是邓小平同志的故乡，是四川省毗邻重庆最近的一个地级市。广安有丰富多彩的人文景观，邓小平故居纯朴庄严，吸引着中外游客；阳和革命纪念碑、华蓥山游击队及双枪老太婆、江姐、许云峰等事迹有口皆碑、有踪可觅；华蓥宝鼎是我国八大佛教圣地之一，曾有庙宇30余座，极盛时僧众达千余人，素有“东朝宝鼎，西朝峨眉”之称。

线路设计：

第一天：广安石林、华蓥山。

第二天：华蓥山。

第三天：华蓥山、阆中张飞庙。

第四天：华蓥山、白帝城。

第五天：巫峡、西陵峡、广安。

第一天：抵达广安，参观邓小平纪念园（邓小平铜像广场、邓小平故居陈列室、神奇水井、清水塘、神道碑、德政坊）、邓家先孺墓地—佛手山风景区、具有中国特色的民居住之地—牌坊新村、邓小平同志小时候读书—北山小学堂；自费游览神龙山巴人古堡（30元/人）：门关、龙台、土湖、巴国门户、巴风楼、北望楼、望乡楼、左箭楼、右箭楼、瓮城、神坝、巴王石、城防街、龙泽寺、天外来客、城防暗道、龙泉井；车游广安市容（思源大道，思源广场，世界最大的青铜宝鼎）。宿广安。

第二天：游览华蓥山天然大盆景—华蓥山石林（罗汉长廊、夫妻石、一吻千年、天坑、溶洞、独自参禅、玉兔变相、八陈迷踪、妙笔生花、开心山神、爱之小屋等、华蓥山游击队遗址）；下午乘汽车赴重庆（约2小时）；20：00由朝天门码头乘游船开始长江三峡旅程。宿船上。

第三天：上午游览“中国神曲之乡”幽灵世界—丰都鬼城（哼哈祠、报恩殿、奈何桥、玉皇殿、百子殿、无常殿、大雄宝殿、鬼门关、黄泉路、望乡台、天子殿、二仙楼、城隍殿、九蟒殿等）；下午游览“文藻胜地”—张飞庙（正殿、旁殿、结义楼、望云轩、助风阁、杜鹃亭、得月亭等）。宿船上，还是第一次这样过宿，你可以在船上看到很多漂亮的广安景点。

第四天：上午游览“诗城”白帝城（祭祀刘备的白帝庙、刘备托孤堂、古今碑林、三峡木石艺陈列馆等），船观瞿堂峡；下午换乘机动船游览“天下奇峡”小三峡（龙门峡、巴雾峡、滴翠峡）。宿船上。

第五天：乘船观看幽深秀丽的巫峡及滩多水急西陵峡秀美风光，自费游览归州屈原三项（90元/人，含屈原祠、游客划龙舟、歌舞表演）；下午乘船观看三峡大坝五级船闸，或自费登岸游览三峡大坝（模型室、万年江底石、三峡坝址基石、截流石、浮雕群，远观双线五级船闸及三峡电厂等）。宿船上。

七、课后作业

每个学习小组设计一条广安绿色旅游线路，并说说这条线路的设计步骤。设计的这条线路是如何体现旅游线路设计原则的？推荐代表介绍所设计的线路，并选择线路中的景点进行模拟讲解。

任务三　设计广安红色旅游线路

一、任务准备

（一）任务目标

设计一条广安红色旅游线路。

（二）任务场景

安辑设计出一条校园周边旅游线路和一条广安红色旅游线路，打算设计一条红色旅游线路以进一步提高设计能力，请你帮他完成设计。

二、任务分析

在清楚旅游线路设计的指导思想，旅游线路设计的原则，特别是掌握旅游线路设计的流程后，进行实地考察或资料收集，确定游客人群，了解广安价值较大的红色旅游景点或景区，围绕红色主题进行取舍，用交通串成线。

三、任务分派

（一）个人任务

（1）巩固旅游线路设计理论（线路设计的指导思想、原则、步骤）。

（2）考察与调查。

（二）小组任务

（1）分析预测。

（2）线路策划。

（3）日程安排。

四、任务实施

（一）个　人

通过网络、教材进行理论学习，充分理解旅游线路的概念、类型、设计原则、设计步骤。

分任务了解广安红色旅游资源，整理资料并介绍交流。

（二）小　组

讨论线路销售对象，确定线路名称，分配任务，整理所收集的资料。

设计一条红色或绿色旅游线路并初步讲解。

五、任务总结

通过红色旅游线路设计，首先要明确哪些属于红色旅游资源，明确红色旅游的功能、红色旅游的主要人群。其次要结合广安红色旅游资源的情况和市场需求确定一个红色旅游线路主题，然后围绕主题进行旅游资源筛选，再配合安排好吃、住、行等，预算价格，初步设计出几条旅游线路。最后进行比较，选择一条最佳旅游线路，制作宣传资料推向市场。

六、知识总结：红色旅游线路

红色旅游资源指的是中国共产党成立以后至新中国成立以前，包括中国共产党创建初期、大革命时期、土地革命时期、红军长征时期、抗日战争时期、解放战争时期等历史时期重要的革命纪念地、纪念物及其所承载的革命精神；从地域范围上看，主要是指革命老区和红军长征沿线，尤其是以长征沿线为重点形成的井冈山、瑞金、遵义、雪山草地、延安、西柏坡一条“红色”主线。

1. 红色广安一日游（广安宁祥旅行社提供）

行程亮点：

邓小平伟人故里，红岩故地，瞻仰革命老区先辈足迹。

行程安排：

早 08:00 从集合地点出发经金安大道、思源广场、绿色长廊至小平故居。游览参观邓小平纪念馆：瞻仰邓小平铜像、参观邓小平故居陈列室、邓小平故居、神道碑、德政坊等；乘车至佛手山景区，参观邓小平祖坟。中午在协兴大酒店用中餐，后乘车至华蓥山，游览华蓥山中华大盆景景区：华蓥山名人蜡像馆、华蓥山地质博物馆、华蓥山游击队纪念馆，找寻华蓥山游击队战斗的足迹。游览完后乘车至广安散团。

服务标准：

- 交通工具：空调旅游车（每位客人一个正座）。
- 餐饮：一个正餐，正餐十菜一汤，十人一桌。
- 门票：所列景点首道大门票。
- 导服：全程导游服务。
- 保险：旅行社责任险，旅游意外保险。
- 报价：198 元/人。

温馨提示：

- 我社将根据天气情况调整行程景点先后顺序。
- 我社可提供包车、导游、门票等单项服务。

联系方式：

- 公司名称：广安宁祥旅行社。
- 公司地址：广安市建安南路×号江北机场广安候机楼。
- 联系人：小付。
- 咨询电话：0826-2600×××，2319×××。

2. 小平故居—华蓥山红色精典一日游（金鼎国际旅行社提供）

行程安排：

早上 08：00 集合。08：00－08：15 乘车至小平同志纪念园。08：15－11：00 参观邓小平纪念园：邓小平铜像广场、参观故居陈列室、观看三机连放邓小平主题电影、小平故居等邓小平青少年足迹、朝圣邓家风水宝地——淡氏墓（佛手山风景区）。11：00－11：30 参观中国社会主义新农村建设的经典——牌坊新村。11：30－13：00 在牌坊新村川东特色餐“八大碗”。13：00－14：00 乘车至华蓥山风景区，追寻双枪老太婆足迹。14：00－17：00 参观游击队纪念馆、地质博物馆，客人可自费参观酒文化博物馆（40 元/人，可赠送中外名人蜡像馆门票），双枪老太婆塑像—高登寺下院—天然大盆景—情醉石峡—罗汉长廊—夫妻石—妙笔生花—精品石林—爱之小屋—千年一吻—嫦娥镜湖—大天坑—溶洞—游击队遗址，追寻游击队的足迹，接受红岩文化教育。17：00－18：00 集合上车返回广安结束难忘的红色之行！住：广安。

服务标准：

- 用餐：吃 1 正（八菜一汤，十人一桌，15 元/位）。
- 门票：所列景点门票（含佛手山华蓥山门票）。
- 导服：优秀地接导游服务。
- 交通：全程空调车。
- 服务价格：235 元/人。

友情推荐：

自费项目（无强制）：

- 华蓥山观光车 35 元/人（往返时间 20 分钟，单程 20 元/人）。
- 酒文化博物馆 40 元/人。
- 故居观光车：5 元/次陈列馆电影 10 元/人（10 分钟左右）。
- 广安特色产品：客人可以自愿购买广安盐皮蛋（广安各大超市均有售价格 10～60 元/盒不等）。

温馨提示：

- 我社可根据实际情况调整行程的先后顺序，但绝不会减少景点。
- 因人力不可抗拒因素产生的费用客人自理、以上行程为参考行程，具体行程及价格以实际出发时与旅行社签订为准。

联系方式：

电话：0826-2397×××

3. 邓小平故里、华蓥山风景区、阆中古城三日游（广安思源旅行社有限责任公司提供）

门市价格：¥750 元起。

预订价格：¥750 元（立即节省 0 元）。

提前报名：请提前 1 天报名，出行天数：3 天。

出发城市：广安，更多。

目的城市：广安，查看介绍，查看天气。

出发地点：广安。

出发时间：08：00。

发团班期：天天发团。

旅游线路具体安排如下：

第一天：邓小平故居。

客人抵达广安，参观邓小平纪念园（3小时左右，无门票），邓绍昌墓、铜像广场、故居陈列室、小平故居、邓家老井、洗砚池、清水塘、神道碑、德政坊）等，后前往佛手山风景区——邓家祖坟，晚餐后游览广安城市夜景（思源大道、思源广场、世界最大青铜宝鼎、参观水幕电影、60米高音乐喷泉（根据政府播放安排），在思源广场宝鼎处观誉为上海夜景的城北外滩夜景。

含中晚餐，住广安。

第二天：华蓥山风景区。

早餐后乘车（1小时左右，36公里车程）前往华蓥山旅游区——主游道步行线路：参观游击队纪念馆、地质博物馆，双枪老太婆塑像、朝圣寺、万狮朝圣、地质奇观、中华猿人、爱之吻、云鹤楼、爱之小屋、华蓥山岩、瘦身之路、三义堂、千年一吻（踏云飞渡滑索）、嫦娥镜湖、雪山城堡（快乐梭梭板）、天坑大瀑布—双枪老太婆指挥部—生命根源洞、小天坑、游击队瞭望台、千年樱桃树、妙笔生花—夫妻石、八阵迷踪、情醉石峡、天然大盆景（开心滑道）、迎宾石等。含早中晚餐，住广安。

第三天：阆中古城。

集合乘车经成南高速前往风水宝地——阆中古城；午餐后，踏上整齐洁净的青石板古街、细细品味千年古城文化，游览国家级文物保护单位——汉桓侯祠（张飞庙）50分钟、寻觅张飞的足迹。之后游览科举胜地，全国最大科举博物馆——四川贡院（清代考棚）50分钟，听导游讲解中国古代科举的发展历程，参观中国著名的雕塑家武明万的雕塑作品，品味其作品深邃的文化内涵；拾级而上古城的风水坐标中天楼20分钟，近观阆中天星十道城市风水布局，强烈感受阆中悠远而神秘的风水文化。参观蚕茧作坊、蜀绣作坊，体验千年品牌的制作流程。登川北第一楼——华光楼20分钟（唐南楼遗址），鸟瞰具有2 300多年历史的阆中古城风貌；晚餐后可在古城感受阆中独特的醋吧、香醋、浴足文化、听川东北原生态民歌小调。结束行程。

含早、中餐。

包含：

- 用车：组团社自带车。
- 用餐：2 早 5 正（早餐酒店含不用不退，正餐餐标 20 元/人不含酒水）。
- 门票：景区大门票。
- 住宿：双人标间。
- 导服：接团至送团优秀持证导游。

不包含：

游客自费产生的费用。

4. 广安小平故里华蓥山二日游 （本线路由广安思源旅行社有限责任公司提供）

门市价格：¥280 元起。

预订价格：¥280 元。

提前报名：请提前 1 天报名。

出行天数：2 天。

出发城市：广安。

目的城市：广安。

出发地点：广安，更多。

出发时间：08：00。

发团班期：天天发团。

旅游线路具体安排如下：

小平故里，华蓥山二日游。

第一天：邓小平故居。

客人抵达广安，导游接团。中餐后参观 AAAAA 景区邓小平纪念园（3 小时左右无门票）、邓绍昌墓、铜像广场、故居陈列室、小平故居、邓家老井、洗砚池、清水塘、神道碑、德政坊）等，后前往佛手山风景区——邓家祖坟，晚餐后游览广安城市夜景（思源大道、思源广场、世界最大青铜宝鼎、参观水幕电影、60 米高音乐喷泉（根据政府播放安排），在思源广场宝鼎处观誉为上海夜景的城北外滩夜景。

含中晚餐，住：广安。

第二天：华蓥山风景区。

早餐后乘车（1 小时左右 36 公里车程）前往 AAAA 华蓥山旅游区——主游道步行线路，参观游击队纪念馆、地质博物馆，增送中外名人蜡像馆、双枪老太婆塑像、朝圣寺、万狮朝圣、地质奇观、中华猿人、爱之吻、云鹤楼、爱之小屋、华蓥山岩、瘦身之路、三义堂、千年一吻（踏云飞渡滑索）、嫦娥镜湖、雪山城堡（快乐梭梭板）、天坑大瀑布—双枪老太婆指挥部—生命根源洞、小天坑、游击队瞭望台、千年樱桃树、妙笔生花—夫妻石、八阵迷踪、情醉石峡、天然大盆景（开心滑道）、迎宾石等。中餐后送团，结束愉快的旅程！

含早中餐。

包含：

- 用车：组团社自带车。
- 用餐：1 早 3 正（早餐酒店含不用不退，正餐餐标 20 元/人不含酒水）。
- 门票：佛手山大门票、华蓥山景区大门票。
- 住宿：双人标间（经济型，挂三舒适型，挂四豪华型，挂五超豪华型）。
- 导服：接团至送团优秀持证导游。

不包含：

（1）华蓥山观光车：45 元/人（单独上行 30 元/人，单独下行 15 元/人）。

（2）华蓥山景区内酒文化博物馆 20 元/人；小平故居：故居观光车：5 元/次；陈列馆电影 10 元/人（10 分钟左右）。

5. 邓小平故居、佛手山、华蓥山旅游区二日游（3 月恢复正常发团）（本线路由重庆春江国际旅行社有限公司提供）

预订价格：￥15～360 元（网上支付立减）。

提前报名：请至少提前 4 天报名。

出行天数：2 天。

发团班期：可做具体安排。

付款方式：网上付款、信用卡付款、上车付款、门市付款。

出发城市：重庆，更多出发城市。

目的城市：广安市。

行程介绍：重庆——广安（125 公里，车程约 2 小时）。

第一天：早出发乘车至广安，中餐后游览中国改革开放总设计师邓小平纪同志故居：邓小平纪念园、清水塘、德政牌坊、洗砚池、神道碑、铜像广场、蚕房院子、邓家老井、翰林院子，后乘车至佛手山（车程约 10 分钟），了解邓家祖坟传说，在回程路上车览协兴老街、北山小学堂，晚餐后观广安新区夜景：西南地区第一大广场——思源广场、世界之最——青铜宝鼎。住宿：广安。

广安——华蓥山（30 公里，车程约 45 分钟）。

第二天：早餐后乘车至素有川东峨眉之称的华蓥山，沿途欣赏美丽的华蓥山风光，游览 AAAA 级景区华蓥山旅游区：特点为“峰奇、石怪、山绿、谷幽”，追忆“双枪老太婆”的英勇事迹，观生命之门、美妻审夫等景观，登上华蓥山顶，远眺天然大盆景；观后羿神洞、嫦娥镜湖、六龙灵泉、鹦哥绝唱等景观；中餐后乘车返渝，结束行程！

费用包括：

交通：空调旅游车。

门票：所列以上景点门票。

住宿：二星或同级宾馆双人标间（空调、彩电、独卫）。

导服：全程优秀导游讲解服务。

用餐：3 正 1 早（正餐十菜一汤、十人一桌、不含酒水）。

报名须知：

- 请在每条线路的预订中，仔细填入准确的相关信息。我们一收到您的报名申请，将立即向您回复确认。
- 网站上的行程及价格仅供参考！请在预订前咨询准确的报价，旅游的行程以签订旅游合同时我们提供的行程为准！
- 我们承诺：凡网上预订者，如果您的预订正式生效，签订合同的，出发时价格已上涨，则您将享受合同预定时所确认的价格；如果价格下降，则您将享受下降后的价格。

七、课后作业

每个学习小组设计一条广安红色旅游线路，并说说这条线路的设计步骤。设计的这条线路是如何体现旅游线路设计原则的？推荐代表介绍所设计的线路，并选择线路中的景点进行模拟讲解。

参考文献

[1] 刘琼英. 中国旅游地理[M]. 上海：上海交通大学出版社，2012.

[2] 陈茂全. 广安源流[M]. 北京：中央文献出版社，2009.

[3] 黄远水，朱桂凤. 中国旅游地理[M]. 北京：高等教育出版社，2008.

[4] 董晓峰. 旅游资源学[M]. 北京：中国商业出版社，2005.

[5] 朱桂凤. 中国旅游资源概论[M]. 北京：中国林业出版社，2009.

[6] 吴丽云，刘洁. 旅行社经营实务[M]. 北京：北京大学出版社，2013.

[7] 吴国清. 旅游线路设计[M]. 北京：旅游教育出版社，2009.